MANOEL MARCONDES MACHADO NETO

Marketing para Artes & RP para Artistas

2ª EDIÇÃO
AMPLIADA

EDITORA CIÊNCIA MODERNA

Editor: Paulo André P. Marques
Produção Editorial: Dilene Sandes Pessanha
Capa: Daniel Jara
Diagramação: Daniel Jara
Copidesque: Equipe Ciência Moderna

FICHA CATALOGRÁFICA

MACHADO NETO, Manoel Marcondes.

Marketing para Artes & RP para Artistas – 2ª Edição Ampliada

Rio de Janeiro: Editora Ciência Moderna Ltda., 2024.

1. Marketing artístico 2. Marketing cultural
I — Título

ISBN: 978-65-5842-345-4 CDD 658.8

Editora Ciência Moderna Ltda.
R. Alice Figueiredo, 46 – Riachuelo
Rio de Janeiro, RJ – Brasil CEP: 20.950-150
Tel: (21) 2201-6662/ Fax: (21) 2201-6896
E-MAIL: LCM@LCM.COM.BR
WWW.LCM.COM.BR **01/24**

À minha esposa Flávia Clímaco

AGRADECIMENTOS

Aos meus pais – Stella e Nelito

Ao meu orientador – Luiz Augusto Fernandes Rodrigues

Resumo: Aplicação do conceito e do instrumental de marketing e de relações públicas à atividade artística e aos negócios que envolvem bens artístico-culturais dentro do contexto particular do artista/grupo artístico, e fora, portanto, do contexto eminentemente empresarial/comercial do marketing cultural largamente adotado por anunciantes, entidades culturais, espaços de cultura, patrocinadores, investidores, agências de propaganda e da produção cultural "mainstream".

Palavras-chave: artes, marketing, marketing para as artes, marketing cultural, relações públicas, gestão da cultura, marketing na cultura, economia da cultura, economia criativa, indústrias criativas.

Abstract: Application of the concept and tools of marketing and public relations to the artistic activity and to the businesses that involve artistic and cultural goods, within the particular context of the artist itself and artistic groups, therefore outside the business context of cultural marketing adopted by advertisers, cultural entities, sponsors, investors, advertising agencies and mainstream cultural producers.

Keywords: arts, marketing, marketing for the arts, cultural marketing, public relations, culture business management, creative economy, creative industries.

APRESENTAÇÃO

Foi com prazer e entusiasmo que fiz a supervisão do estágio pós-doutoral de Manoel Marcondes Machado Neto junto ao Programa de Pós-Graduação em Cultura e Territorialidades da Universidade Federal Fluminense / PPCULT-UFF. Tenho certeza dos ganhos científicos que a Faculdade de Administração e Finanças da Universidade do Estado do Rio de Janeiro / UERJ alcança com este trabalho de um de seus professores.

O campo das Artes em muito precisa de reflexões que o esgarcem sob perspectivas diversas, seja ampliando suas condições de produção (tão comumente impregnadas de fortes precarizações laborais e trabalhistas), seja ampliando as possibilidades de divulgação e fruição de seus resultados. Neste sentido, estudos como o da tese "Marketing para as Artes: evolução do conceito – e da aplicação – do marketing cultural", que originou este livro, em muito vêm a contribuir.

Mais do que o crivo de uma banca de avaliação, este trabalho já nasceu [em versão compacta] no prelo da Editora Lumen Juris, incorporado aos títulos da série "Cultura e...". Certamente sua publicização contará também com palestras e debates que enriquecerão os estudos sobre marketing, marketing cultural e marketing para as artes, termo inaugurado e conceituado por este trabalho [agora publicado em sua versão integral pela Conceito Editorial][1].

Inserida em universidades públicas – UFF e UERJ – a tese de Manoel Marcondes Machado Neto ganha vida já comprometida com a função social que permeia e embasa nossas instituições. Sua leitura é oportuna e necessária.

Luiz Augusto Fernandes Rodrigues, março de 2017
Professor Titular do Departamento de Arte da UFF

1. As observações marcadas [com colchetes] são notas do editor.

PREFÁCIO

Esta obra é mais uma produção da inesgotável fábrica de projetos chamada Marcondes, amigo de quase duas décadas, que conheci por intermédio de meu marido. Ao longo desse tempo, tive a oportunidade de acompanhar, direta ou indiretamente, a realização de diversos de seus trabalhos.

Quando penso no Marcondes, a imagem que me vem à mente é a de vê-lo em uma roda de conversa, verbalizando o pensamento que ainda está construindo... junto com os ouvintes. Então, dá uma pausa, olha para o alto; aquele olhar que atravessa o teto do mundo real para o da imaginação. Em seguida, mais dialoga, ouve e, depois, com os pés no chão e as mãos na massa, realiza. Sua capacidade de concretizar me faz ser sua grande admiradora. Por este motivo, considero uma honra escrever este prefácio.

O mote do presente livro é a identificação de pontes de comunicação entre o marketing e a arte, no sentido de promover a segunda. E, também, seus criadores e produtores. É questionada, por exemplo, a figura do mecenas na contemporaneidade, bem como são apresentadas as diversas variantes do marketing cultural – que ele ajudou a entender – ilustradas com casos reais.

Os motivos citados são relevantes o suficiente para recomendar esta leitura, principalmente para músicos, artistas plásticos, designers (grupo no qual me incluo), entre outros, que têm a preocupação de aliar à sua perícia técnica específica a sobrevivência no mundo real. Assuntos como precificação, produção executiva ou captação de recursos muitas vezes são tratados como se fossem decorrências "naturais". Não são. É preciso ação estratégica e eficaz de marketing e comunicação "no entorno do artista".

Por fim, o assunto se torna mais importante ainda no atual cenário de overdose de divulga-ações nas redes sociais e nos dispositivos que nos possibilitam contato com o mundo sem sair de casa. No entanto, a grande dificuldade é a de ser mais um, sozinho, perdido na multidão. Aí, só as relações públicas salvam.

Voilà! Boa leitura!

Gisela Pinheiro Monteiro
Mestre e doutora pelo Programa de Pós-Graduação em Design da ESDI/UERJ, na linha de pesquisa História do Design Brasileiro. Graduada pela mesma instituição com habilitação em 'Projeto de Produto e Programação Visual', escreve regularmente no portal da Sociedade Educativa Observatório da Comunicação Institucional (www.observatorio.com.pt).

LISTA DE FIGURAS

Figura 1 - Tomada de decisão que relaciona bem cultural X preço X interesse (e "consumo"). 39

Figura 2 - Kunsch, Margarida M. K. Planejamento de Relações Públicas na Comunicação Integrada.........54

Figura 3 - Funções de um empreendimento cultural (individual ou grupal) 103

Figura 4 - Marketing Mix (Jerome McCarthy, 1960).........106

Figura 5 - Sistema Marketing - Fatores ambientais. 107

Figura 6 - Sistema Marketing - Recursos Gerais. 108

Figura 7 - Sistema Marketing completo. 109

Figura 8 - Marketing Mix contemporâneo (12 "Ps" na concepção do autor).........111

Figura 9 - Limites do Marketing Concept 116

Figura 10 - Sistema Marketing Cultural (MACHADO NETO).........122

Figura 11 - Visão alternativa do Sistema Marketing Cultural (ALMEIDA & NEIVA).........122

Figura 12 - Marketing Cultural.........123

Figura 13 - Entidade Produtora/Realizadora (GOMES, Miguel Ferreira - 1986).........124

Figura 14 - Modelo de Relações - Marketing para as Artes.........130

Figura 15 - Tomada de decisão de compra/consumo 131

Figura 16 - Hierarquia das necessidades humanas de Abraham Maslow.........133

Figura 17 - Fatores de socialização que afetam o comparecimento a atividades culturais.........134

Figura 18 - Taxa de participação em atividades de lazer em Washington, D. C. (EUA) 1992.........135

Figura 19 - Práticas culturais de lazer 136

Figura 20 - Interseção entre os compostos de Comunicação e Marketing 138

Figura 21 - 4 Ps do Marketing: uma releitura.........139

Figura 22 - Superposição do composto de marketing atualizado com o novo composto de Relações Públicas Plenas 140

Figura 23 - Composto de Relações Públicas Plenas (4 Rs).........141

Figura 24 - Relações Públicas para artistas - composto "4 Rs" adaptado 144

"A arte é longa, a vida é curta".

Hipócrates

"Não me peça dada a única coisa que tenho para vender".

Cacilda Becker

SUMÁRIO

APRESENTAÇÃO IX

PREFÁCIO XI

PARTE 1 1

I. CULTURA E TERRITORIALIDADE: EVOLUÇÃO OU RUPTURA? 3

II. ANTESSALA DO MARKETING PARA AS ARTES 9

III. DO MARKETING À COMUNICAÇÃO: UM TRAJETO NECESSÁRIO 13

III.1 - Um paradoxo: marketing é para atender ao público; arte é para atender ao artista 16

IV. EXPLICANDO O COMPOSTO DE MARKETING E APLICANDO O CONCEITO AOS BENS CULTURAIS 21

IV.1 - Exemplos de cada uma das quatro modalidades de marketing cultural 23

IV.2 - O que ainda precisaria ser fomentado no campo do marketing cultural? 27

V. O PORQUÊ DE UM MARKETING PARA AS ARTES 29

V.1 - Marketing para "o fazer do artista" 30

V.2 - Marketing para as artes "versus" marketing cultural 31

VI. DESAFIOS CLÁSSICOS DO MARKETING 35

VI.1 - Considerações detalhadas sobre o processo de precificação 37

VII. CONSIDERAÇÕES SOBRE PROMOÇÃO 41

VII.1 - Por que diferenciar o "show business" da "produção cultural"? 43

VIII. DO AGENTE ARTÍSTICO, ESTE PERFIL PRATICAMENTE INEXISTENTE NO BRASIL 47

IX. CONSIDERAÇÕES SOBRE VALOR, CUSTO E PREÇO 51

IX.1 - O contexto da comunicação integrada 53

IX.2 - O contexto da produção cultural empresarial – depoimentos 55

X. A OBRA DE ARTE: ENTENDENDO-A COMO VETOR DE CULTURA E COMUNICAÇÃO 63

XI. MAIS ALGUMA LITERATURA SOBRE MECENATO 79

XI.1 - O conceito de cultura 84

XI.2 - A valoração das formas simbólicas 86

XI.3 - Sobre redes de distribuição da produção cultural 91

XI.4 - Considerações de domínio comum acerca da arte 92

XI.5 - Sobre arte e técnica 94

XI.6 - Sobre fama e efemeridade 95

XI.7 - Bens culturais e mercado 95

XII. APLICANDO O PROCESSO DE MARKETING ÀS ARTES 101

XII.1 - Um marketing contemporâneo 110

XII.2 - O trabalho artístico como "produto" ... 112
XII.3 - Sobre "ciclo de vida" em marketing ... 114
XII.4 - Produtores, captadores de recursos e outros perfis ... 117

XIII. PRÉ-CONCLUSÕES ... 119
XIII.1 - Comparativo entre os conceitos de marketing cultural e marketing para as artes ... 121
XIII.2 - Classificação de modalidades do marketing cultural ... 123

PARTE 2 ... 127

XIV. MODELO DAS RELAÇÕES DE UM MARKETING PARA AS ARTES ... 129
XIV.1 - A definição desdobrada de marketing para as artes ... 130
XIV.2 - "Árvore" de tomada de decisão de compra/consumo ... 131
XIV.3 - Fruição ou "consumo cultural" ... 134
XIV.4 - Do marketing à comunicação integrada: aplicação de conceitos ao trabalho do artista ... 138

XV. ADAPTAÇÃO DO MODELO DE 4 RS DAS RELAÇÕES PÚBLICAS PLENAS AO MARKETING PARA AS ARTES ... 143
XV.1 - Reconhecimento ... 145
XV.2 - Relacionamento ... 150
XV.3 - Relevância ... 154
XV.4 - Reputação ... 157

XVI. CONSIDERAÇÕES FINAIS 163

REFERÊNCIAS 167
Apêndice 1 171
Apêndice 2 179
Apêndice 3 181
Apêndice 4 183
Apêndice 5 185
Apêndice 6 187

"A arte não me interessa, apenas os artistas".

Marcel Duchamp

PARTE 1

"A minha música não é de levantar poeira,
mas pode entrar no barracão".

Tom Jobim

I. CULTURA E TERRITORIALIDADE: EVOLUÇÃO OU RUPTURA?

Convivendo com os professores do PPCULT na Universidade Federal Fluminense, participando de bancas examinadoras, eventos e outras atividades acadêmicas no Instituto de Arte e Comunicação Social (IACS), aprendi que o conceito de territorialidade articula diferentes presenças, para muito além da geografia e do espaço físico.

A prática corrente no PPCULT expande as fronteiras do conhecimento científico, da cultura geral e, por que não dizer, da própria sabedoria – proporcionando um voo livre sobre o saber das disciplinas tradicionais, as ideias prontas, as verdades absolutas – e também as relativas –, os quintais e galpões fechados e as matérias outrora privativas de senhoras e senhores... do engenho e da arte. Somos, lá, de uma cidadania planetária, a qual se estende do umbigo à supernova.

Neste ambiente aberto, liberto, fértil, rico e descontraído, a criação se beneficia, banhando-se de luz solar e de água corrente. E pude, eu mesmo, articular a – minha – territorialidade imaginária entre duas economias, a da cultura, já familiar, velha de guerra, e a novíssima... chamada "indústria criativa".

Na minha concepção – e o parto é mesmo individualíssimo, por mais assistido que seja –, cidades não são criativas, nem podem sê-lo. Criatividade não pode ser apreendida intramuros, nos subdistritos da propaganda e da economia – essa ciência que, de tão "hard", não permite livre exercício de criação. É construto que está mais aí para prender do que para soltar... mais para formar que para informar, mais para segurar que para liberar dinheiro, recursos físicos, materiais e, até, humanos.

A teoria institucionalista do "maverick" (contracorrente) Douglass North – vertente "perdedora" na área da gestão a ponto de seu autor ter angariado um prêmio Nobel de consolação – sucumbe diante das indefectíveis calculadoras HP, da "econometria quadrada de suas meninas e meninos".

Para adiante do ábaco eletrônico, é preciso reconstruir uma egrégora humana no território econômico que a todas as coisas quer nominar e dominar. Eco

+ nomia = "o atribuir nome – e explicação – a tudo o que nos cerca". Abaixo a tirania do "boletim focus" do Banco Central do Brasil!

Criativo é, pois, o humano. Mulheres-pais e homens-mães herdeiros da criação, seja lá qual for o seu, o meu, o nosso criador. Que se restitua o fazer criativo e sua contabilidade primordial ao indivíduo e ao grupo, independentemente da redução administrativa das organizações, das cidades, das nações e seus planos de contas, "budgets", planilhas e projetos. Aliás, como – muito bem – disse a cantora Olivia Byington, "... potenciais patrocinadores que tenho visitado pedem-me projetos... mas eu não sou arquiteta... ou engenheira...".

Uma tese que se quer de pé precisa adotar um lado, necessariamente. Talvez não se possa mesmo servir a dois senhores – um drama-dilema bíblico. E sendo válida tal premissa, entre economia "criativa" e economia da cultura, já escolhi um lado – o da economia da cultura, a qual simplesmente olha e conta o que o ser humano faz, fez e fará – deixando o seu legado por aí, pelo mundo, espalhado, disperso, ignorando limites municipais, estaduais e nacionais. Além do mais, se a Economia fosse realmente criativa... o mundo "dos negócios" não seria esse Fla X Flu sempre reprisado, essa mesmice de déficit X superávit, inflação X deflação, expansão X contração. E os ambientes empresariais não seriam tóxicos.

Criativo é o ser, não a economia. Que se restrinja o aspecto econômico à contabilidade e às finanças, com seus "mercados futuros", "hedge funds", agências classificadoras de riscos e suas notas-sopas de letrinhas (AA+, AAB, ABB). A verdadeira "pedalada" é a primeira (dada por D. Pedro I), e normalmente seguida de um tombo de cara no chão. Chão, aliás, "... cuja única vocação é não ser céu"[1].

Pés no chão, cabeça sobre os ombros e olhos no Éter – esta a genuína condição do ser criativo. Sem "software". Só mesmo o "hardware" básico (cerebral) e o "sistema operacional" de suas mãos – ou pés, ou bocas – conectadas à cabeça e suas condições de entorno, seja na Tate[2], seja na tapera.

A economia da cultura já está velha no mundo mas, no Brasil, a ainda pouco conhecida senhora teima servir tão somente para alimentar os

1. Trecho do poema "Cabeça de vento" do poeta paulista Caio Leonam.
2. Tate Gallery, de Londres.

criativos além dos próprios artistas – homens e mulheres que se disponham a gerir os negócios da cultura.

Aquele que faz arte não pode nem deve ser superado por aquele que formula, entre quatro paredes, uma política. Pública ou privada. E os números servem tanto e tão somente para isto – ser um dos suportes (talvez o mais vil) para que se permita medir, estudar e investir em criação, em inovação. Na base, na terra, no território enfim – mesmo que virtual. Seja do quintal de casa, seja do atelier, seja da NASA. Mãos e mentes fazem cultura e não só refazem modas e modismos impostos de fora para dentro.

A minha tese dispensa o conceito e o lugar de uma economia que se quer criativa. De fora para dentro, minha tese não acontece no "mal", nem no centro "gentrificado". Ela é, sobretudo, na mente e na sua expressão.

A cultura – que merece uma economia institucional neste imperfeito mundo em que vivemos – é sempre uma manifestação derivada da arte humana, sem prévias políticas, sem quadrados, sem fronteiras – do interior do indivíduo para seu exterior, e isto torna a arte, todas as artes (da pintura rupestre aos mantos maias, da escrita fenícia à tecelagem chinesa, da TV brasileira ao buscador de internet estadunidense), totalmente avessas a qualquer aprisionamento ou arranjo produtivo que, ainda se queira, redundantemente, criativo.

Ora, toda criação é criativa. E o máximo que podemos fazer é atentar para a sua, as suas, manifestações onde quer que ocorram, dentro e fora do atelier, da oficina, do barracão ou do museu. E, humildemente, registrar. Depois, contar, contabilizar, relatar fidedignamente, noticiar, divulgar, escrever sobre, teorizar, politizar, guardar e proteger. Tudo isso sem nela tocar, sem influir, sem alterar. Só apreender e aprender. Numa antropologia essencial.

Quando, verdadeiramente, o Estado brasileiro encontrar espaço para uma economia da cultura em sua rede de administrações territoriais, teremos, talvez, sido criativos economicamente. E isto terá sido bom. Para que se ergam edifícios tão belos quanto sólidos nesta terra tão fértil e berço de tanta arte.

> "O objeto de arte entregue pelo artista, aparentemente finalizado, parece hoje, com frequência, não encerrar seu processo produtivo. Algumas operações do mercado processarão a necessária agregação de valor ao objeto artístico. Isto é, o aumento de valor do produto através de mecanismos e espertezas extra-estéticos:
>
> (a) as escolhas estratégicas de moldura e de "passe-partout" têm alguns objetivos de valorização da obra, como no caso de molduras que exageram no aumento da "área visível" e física do objeto de arte; (b) a espetacularização da imagem, especialmente da fotografia, como das cópias fotográficas, caixas, e outros estojos de acrílico, (c) leiloaria, (d) o cubo branco; (e) iluminação; (f) os argumentos de autoridade"[3].

Editando o sítio "Marketing & Cultura: comunhão de bens"[4] desde 1999, lugar em que se mantém em permanente atualização um clipping iniciado ainda em 1990, constata-se – pela mesmice dos problemas e, pior, pela falta de criatividade nas soluções – a sentença que o "observador" Darcy Ribeiro proferiu: "a crise da educação no Brasil não é uma contigência, é um projeto".

3. HERKENHOFF, Paulo. In "Arte e mercado no Brasil. Rio de Janeiro, FGV Projetos. P. 19.
4. www.marketing-e-cultura.com.br

"O Cleveland Museum tornou-se um dos maiores museus do mundo não apenas porque tinha um diretor que era notável para descobrir grandes objetos de arte; ele também era competente para transformar em patronos as pessoas que entravam simplesmente para fugir da chuva e ficar uma hora".

Peter Drucker
(Administração de organizações sem fins lucrativos. 1990. p. 79)

II. ANTESSALA DO MARKETING PARA AS ARTES

Volto à tentativa de dar fundamentação teórica – e perspectiva prática – à aplicação do "marketing" às artes, com o objetivo de atender a artistas, coletivos de criação e grupos artísticos. Este já fora, em 2002, o objetivo de meu livro "Marketing Cultural: das práticas à teoria" – o que, infelizmente, não foi plenamente atingido, dado que o chamado "marketing cultural" quedou-se capturado inteiramente por anunciantes e suas respectivas agências de comunicação, além de entidades públicas e privadas tais como museus, orquestras e centros culturais.

Naquela ocasião, o que se buscou também foi uma contribuição para a consolidação da então nova área por meio de: (1) uma pesquisa iniciada em 1995 (e finalizada em 1999) na cidade paranaense de Londrina, na busca das origens do apoio institucional – com e sem o uso de leis de incentivo à cultura – pela Cia. Cacique de Café Solúvel ao FILO (Festival Internacional de Teatro de Londrina), evento tradicional da cidade; e (2) tese de doutorado derivada da pesquisa, defendida em 2000 na Escola de Comunicações e Artes da Universidade de São Paulo[1]. O trabalho, além de propor um conceito para a atividade[2], viria a comprovar a tese de que o marketing cultural pode contribuir para a conquista e a manutenção de uma boa imagem institucional dos seus patrocinadores diante de públicos internos e externos, e isso fez com que o livro[3] e website[4] dela derivados tivessem recebido grande acolhida entre gestores culturais, executivos de marketing e comunicação, além de pessoal de agências de propaganda e grandes produtoras, além do próprio meio acadêmico.

---

1. "Marketing Cultural: características, modalidades e seu uso como política de comunicação institucional". (Tese de doutorado). São Paulo, ECA/USP. 2000. 529 p.
2. "Marketing cultural é a atividade deliberada de viabilização físico-financeira de produtos e serviços que, comercializados ou franqueados, vêm atender às demandas de fruição e enriquecimento cultural da sociedade".
3. MACHADO NETO, Manoel Marcondes. Marketing Cultural: das práticas à teoria. Rio de Janeiro, Ciência Moderna. 3a. edição. 2017.
4. www.marketing-e-cultura.com.br

O motivo de frustração de então e hoje mote para a realização deste novo trabalho – levado a efeito como tese de pós-doutoramento no Instituto de Arte e Comunicação Social (IACS) da Universidade Federal Fluminense (UFF), no âmbito de seu Programa de Pós-graduação em Cultura e Territorialidades (PPCULT) – é, justamente, o fato de ainda não se ter obtido a forma e a aplicação esperadas por um texto "de marketing" útil e operacional junto àqueles que – no universo da produção e da gestão culturais – mais precisam de uma mínima capacitação na disciplina; os artistas.

Esta é, pois, a razão de ser de um "marketing para as artes" específico.

Na pesquisa inicial, no curso do doutorado, observou-se um fato relevante; a adoção maciça de práticas de patrocínio – sob o rótulo "marketing cultural" – pelas empresas, motivadas majoritariamente pelo uso de incentivos fiscais.

Verificou-se, ainda, as condições em que o marketing cultural se dava e formulou-se hipóteses que melhor explicassem o fenômeno, na tentativa de estabelecer uma teoria que não só compreendesse a então nova atividade como também detalhasse o seu *modus operandi* – além de, propositivamente, denominar suas variações de acordo com fato e "locus" geradores – resultando na classificação do marketing cultural em quatro modalidades: "de fim", "de meio", "de agente" e "misto" – o que será visto em detalhe mais adiante.

Comprovou-se, também, que o patrocínio às artes por parte das organizações concorre, efetivamente, para a viabilização de manifestações culturais que de outra forma não sairiam do papel, permitindo acesso a bens e serviços que, incentivados pelo Estado – via renúncia fiscal ou não –, complementam (pela via de um "mecenato" privado) a sua própria política de oferta cultural.

Porém, como bem observou o artista plástico e curador Alberto Kaplan em palestra na UERJ em abril de 2013, "muita gente fica de fora". O Ministério da Cultura aprova, anualmente, certificados de captação de recursos incentivados em valor total superior (cerca de dez vezes) ao montante que será efetivamente objeto de renúncia, criando um "funil" absolutamente cruel, o qual deixa passar quase que tão somente as produções que interessam ao "mercado anunciante". Ou seja, os filtros dos departamentos de marketing das empresas é que definem o que vamos ler, ouvir e fruir nas salas de exposições e espetáculos pelo país afora.

Claro está que, no atual estado de coisas, os benefícios potenciais que a aplicação do arsenal de técnicas de marketing pode trazer ainda não foram "sentidos" pelo artista, aquele elemento essencial que está no início de toda e qualquer cadeia produtiva da riqueza cultural que se baseia em... arte.

Aprovada a tese, e no curso das atividades continuadas no campo acadêmico – ministrando a disciplina Gestão de Projetos Culturais –, veio a ideia de separar o "marketing", que só pode aplicar-se a produtos e serviços (mesmo os artístico-culturais), da necessidade básica do artista ou grupo artístico.

Dado que não é coisa, o artista existe e se divulga noutra matriz, não mercadológica, mas "pessoal". E, como pessoa (ou pessoas, no caso de coletivos), o artista merece um esforço diferente do de marketing.

O artista pode – e deve – ser alvo de uma estratégia ou, pelo menos, de ações táticas de relações públicas, normalmente tocadas por especialista no campo, visando construção de imagem e manutenção de relacionamentos e reputação.

"Quando escuto alguém falar em 'público-alvo',
já vou logo me agachando".

Tom Zé

III. DO MARKETING À COMUNICAÇÃO: UM TRAJETO NECESSÁRIO

Segundo Philip Kotler, "a empresa não deve apenas desenvolver uma estratégia clara de posicionamento; deve também comunicá-la eficazmente"[1]. Atualmente, começa a surgir, entre aqueles que se dedicam à pesquisa e à prática da comunicação no âmbito da sociedade pós-industrial, um forte interesse em compreender o marketing para "além da venda, pura e simples", mas também como um meio de relacionamento interinstitucional e entre instituições e seus públicos de interesse, no âmbito do que se convencionou chamar de mercado "glocal" (âmbito global + situação local). É tempo, pois, de um "pós-marketing".

O próprio programa no bojo do qual este estudo se dá – de cultura e territorialidades – espelha a relação "glocal", na qual é transparente (ou seja, não há barreiras) para o receptor de dada mensagem/conteúdo cultural desde "onde" a mesma/o mesmo provém. Exemplo: "Estando na Inglaterra, ouço uma música sertaneja gaúcha em pleno "Jambouree Festival" – um convescote mundial de escoteiros"[2].

A comunicação, em tempos de internet e de redes sociais, desafia-nos: "as organizações resolveram, simplesmente, relacionar-se... e em público... Por isso, aliás, a atualidade da formação em relações públicas"[3] – verdadeiro sinônimo de comunicação social para Manoel Maria de Vasconcellos[4], um dos pioneiros fundadores da disciplina "marketing" no Brasil – na então Escola Brasileira de Administração Pública (EBAP, hoje EBAPE – incluindo "e de Empresas") da Fundação Getulio Vargas do Rio de Janeiro, ainda na década de 1950. Fruto do seu trabalho pioneiro, aliás, adveio a decisão de não se traduzir o termo "marketing" para o

1. KOTLER, Philip. Administração de marketing. São Paulo, Atlas. 1996, 4ª. edição. P. 274.
2. https://chamaescoteira.wordpress.com/tag/inglaterra/ acessado em 04/09/2016.
3. MACHADO NETO. Manoel Marcondes. Palestra "Relações Públicas e Economia Criativa", Departamento de Comunicação Social, 36a. Semana de Comunicação, Universidade de Taubaté, 24/08/2016.
4. Website "Institucionalmente", Nota #002, VASCONCELLOS, M. M. Acessado em 04/09/2016.

português, diferentemente de outras nações que o fizeram (no México: *mercadotecnia*; na Colômbia: *mercadeo*).

A aplicação de um complexo conjunto de táticas de comunicação ao contexto do marketing para as artes – a título de relações públicas – será esmiuçado mais adiante.

> Ainda hoje o termo "marketing" eventualmente é tomado como sinônimo de comunicação. Algumas pessoas, quando dizem "fazer marketing", então querendo expressar um conjunto de esforços de apresentação de um produto, proposta, serviço ou ideia, geralmente relacionada à persuasão, à venda e à promoção. Essa confusão, ou liberdade de linguagem, deve-se a um fato simples: a comunicação é uma ferramenta do marketing e, sem ela, o marketing não pode existir. Embora não seja todo o marketing, a comunicação é boa parte dele.[5] "Uma vez identificado o mercado-alvo e suas características, o comunicador de marketing deve decidir sobre a resposta desejada da audiência"[6]. Como forma de relacionamento, o marketing e suas práticas (principalmente no que toca ao comportamento de consumo) passam a ser objeto das ciências humanas e, em especial, da Comunicação. É a comunicação de marketing – abordagem que constitui foco principal do dito "marketing cultural": "as empresas também devem comunicar-se com seus consumidores atuais e potenciais. Inevitavelmente, qualquer empresa exerce o papel de comunicadora ou promotora"[7].

5. YANAZE, Mitsuru Higuchi (Org.). Marketing & Comunicação: funções, conceitos e aplicações. São Paulo, Editora STS. 2005. P. 7.
6. __________. Op. Cit. P. 518.
7. KOTLER, Philip. Op. Cit. P. 511.

III.1 - Um paradoxo: marketing é para atender ao público; arte é para atender ao artista

A definição mais essencial de marketing revela uma atividade que desenvolve soluções – seja na forma de produtos ou serviços – para necessidades e desejos de um determinado segmento de público dito "alvo" ("target[8]").

Por sua vez, produção do artista, a arte em si, ou o "fazer artístico" – base de grande parte da produção cultural –, é atividade que se desenvolve no interior do artista para atender a um desejo seu, a necessidade unicamente sua[9].

Umberto Eco, em seu livro "Obra aberta", acrescenta o fruidor da obra de arte como "parte" mesma dessa obra, afirmando que a obra de arte só completa o seu "ciclo de vida" quando usufruída - ou seja - não bastaria a existência da pintura no interior do atelier, os versos guardados na gaveta da escrivaninha dos poetas, ou a partitura escrita e não executada publicamente. Tais obras somente completariam sua "missão" de existir quando fruídas - a pintura admirada, os versos publicados e a música executada (e, consequente, ouvida). Porém, não é desta questão que se trata, mas - sim - da "razão" de existir primeira de uma obra de arte; atender única e tão somente à pulsão íntima de seu(s) criador(es). Se

8. Alvo, em inglês. Termo muito utilizado pelos gestores de marketing e agências propaganda. Refere-se ao segmento ou fragmento (nicho) de mercado para o qual se destina determinado produto/serviços e suas respectiva campanha de comunicação.

9. Tal afirmação advém de convívio profissional do autor com os artistas com que trabalhou entre 1983 e 1993, na República Produções; tais como Aclyse de Mattos, Alberto Kaplan, Andersen Viana, Claudia Valli, Chris Rio, Marcus Viana, Regina Sauer, Roberto Gnattali, Tavynho Bonfá, Teco Cardoso e Toni Venturi, entre outros. Todos, sem exceção, atuavam a partir dos projetos que surgiam inteiramente em suas cabeças e corações, nada comerciais (ou seja, "para atingir A" ou "vender para B") – em estado de inspiração pura. Na área da música, isto era bem marcado à época, pois as gravadoras distinguiam em seus "casts" os produtos ditos "artísticos" dos produtos ditos "comerciais". Um projeto com o poeta e compositor Sérgio Rojas, por exemplo, foi gravado por um selo subsidiário "experimental", de música instrumental da gravadora Som Livre (Grupo Globo), eminentemente não comercial. E para o seu show "Éra" (mesmo título do álbum), produzido no Teatro Ipanema em 1990, foi chamada ninguém menos que Bia Lessa para a direção cênica. Mais: na UERJ, por 15 anos (entre 1995 e 2009), em cursos "Gestão e Marketing na Cultura" (aperfeiçoamento em 180 h) e "Marketing Cultural: Teoria e Prática" (reciclagem em 90 h), e também, "Marketing do Livro" (atualização em 30 h), coordenados pelo autor, artistas convidados para ministrar o módulo "O processo de criação artística", em suas falas, frisavam sempre o aspecto "fazer arte atendendo a um reclamo interno, uma inspiração, uma ideia original".

gratuitamente[10] ou não tal fruição – esta não é questão intrínseca do ato de criar do artista.

Estabelece-se, então, o que podemos chamar de "paradoxo da expressão marketing cultural". O artista, por definição, não busca agradar a alguém mais além de si mesmo quando cria. O marketing, por seu turno, só existe em função de agradar, atender, seja descobrindo – ou até criando, de acordo com seus detratores – necessidades e desejos.

Tom Jobim afirmou, em diversas de suas entrevistas, citando a obra "Orfeu da Conceição", que "a encomenda é fundamental..." – enfatizando o caráter profissional, "comercial", de um dado trabalho de criação (como musicar uma obra literária, por exemplo). Nesse caso desfaz-se, pois, de imediato, a contradição do uso do termo "comercial" em um contexto de arte, ou seja; quando a produção em questão tem financiamento viabilizador e capacidade para a contratação profissional.

No meio artístico, a outra via, do risco absoluto – artístico, "não comercial" –, dá-se com frequência: a formação de cooperativas, isto é, os artistas juntam-se (atores, diretor, cenógrafo, figurinista, iluminador, compositor e divulgador, por exemplo), voluntariamente, e amalgamados pela vontade de fazer (o que, eventualmente, mitiga o risco). Haverá algum ganho (diferença entre receita e custos) relativo se, e somente se, a produção for a público e angariar "resultados" – sempre divididos irmãmente ao final de cada dia ou a cada borderô fechado.

Este (aparente) paradoxo ou controvérsia, isto é, a aplicação do conceito de marketing às artes, portanto, só se resolve com a entrada em cena de um tipo de profissional que venha a cumprir o papel de uma "embreagem"[11] entre o criador primeiro e um público-alvo determinado. Este perfil é justamente o do produtor cultural, o qual, então, exercendo a busca pelo tal "segmento de público" para a fruição do artista/produção que representa – "indo aonde o povo está", como diz a canção[12] –, tem sua ação como "essencialmente de marketing", ou seja, a aplicação técnica dos quatro

10. 1. Feito, dado de graça. 2. Desinteressado. 3. Espontâneo. 4. Que não tem fundamento. "Gratuita", in Dicionário Priberam da Língua Portuguesa [on line], 2008-2013, https://www.priberam.pt/dlpo/gratuita [consultado em 05-09-2016].

11. O perfil do profissional que ocuparia o que chamamos de "entorno do artista".

12. Trecho da letra da música "Nos bailes da Vida", de Milton Nascimento.

componentes clássicos do composto mercadológico (o "mix" de 4 Ps), a seguir, no sentido de "viabilizar economicamente" o trabalho do artista:

1) o Produto (ou serviço) formatado; um livro, um disco, uma exposição, um espetáculo;

2) seu Ponto de contato com o público (que é justamente "aonde o povo está");

3) o Preço que viabiliza tanto o trabalho do artista quanto o seu consumo (ou fruição, melhor dizendo quando se trata de cultura) pelo seu público e, finalmente;

4) a comunicação correta, pertinente e adequada para levar o público ao encontro da arte/produção em pauta. OBS.: Tratando-se, o composto dos 4 Ps do composto de marketing, de uma tradução do inglês; o quarto "P" não se traduz por "communications", mas – sim – por "promotion". Mas não a "promoção" como utilizamos o termo no Brasil (um sinônimo de venda especial ou liquidação) – e, sim, como "tudo aquilo que você pode fazer para promover a sua proposta de valor (produto, serviço, personalidade, ideia, causa).

Isto, sim, seria uma clássica aplicação do conceito de marketing às atividades artístico-culturais. Naturalmente que se trata, aqui, de uma ambiente externo às "major companies" da chamada indústria cultural – tão bem caracterizada por Adorno e Horkheimer em sua obra "Dialética do esclarecimento", de 1944.

Tal indústria, seus *players* e a mídia (alguns até confundem indústria cultural com mídia) movem-se por "razões de mercado", planificadas, calculadas e que seguem padrões de entretenimento bastante estritos. Tavynho Bonfá, compositor que cumpriu durante anos a função de maestro-arranjador na TV Globo do Rio de Janeiro, deu um depoimento na UERJ, numa das minhas turmas do curso de aperfeiçoamento, demonstrando de forma cabal uma "linha de produção" musical para atender à genuína "fábrica de telenovelas" da emissora. Marcus Viana, idem produtor musical na TV Manchete (que estreou com a trilha sonora da telenovela "Pantanal") e depois na própria TV Globo, corroborou em entrevista ao autor a mesma impressão, a de uma "linha de montagem industrial".

Voltando ao nosso tema central, urge, pois, o desenvolvimento desse perfil profissional híbrido, que tanto bem compreende tudo o que se movimenta e gira em torno do artista e da sua produção, quanto tudo aquilo que faz parte do ambiente e das forças de mercado (concepção da "proposta de valor", do produto/serviço/bem cultural); sua distribuição, circulação ou logística; sua precificação, ou seja, sua forma de viabilização econômico-financeira (sempre levando em conta, também, o poder aquisitivo de seu público-alvo); e, finalmente, a estratégia de divulgação e promoção da "proposta de valor" em questão.

Ratificando; dadOo que o chamado "marketing cultural" foi capturado por agências e anunciantes, tornou-se mandatório retomar uma visão de marketing voltada ao criador primeiro, o artista. Por isso, um "marketing para as artes" como uma evolução do conceito de marketing cultural.

"A massa ainda comerá do biscoito fino que eu fabrico".

Oswald de Andrade

IV. EXPLICANDO O COMPOSTO DE MARKETING E APLICANDO O CONCEITO AOS BENS CULTURAIS

Jerome McCarthy deu grande divulgação a um esquema de raciocínio em marketing que, em linhas gerais permanece válido: "uma análise dos problemas enfrentados tanto pelas grandes como pelas pequenas empresas mostra que é possível a redução do número de variáveis no "marketing mix" a quatro linhas básicas: produto, preço, praça (local) e promoção". [1]

Tal esquema, conhecido como "os 4 Ps do composto de marketing", são traduções do inglês e é importante reiterar que "promotion", no idioma original, não quer dizer promoção como o termo é corriqueiramente usado no Brasil nós, ou seja, uma ação fugaz, extraordinária, e que consiste em liquidação ou oferta especial que significa, sim, todo o esforço comunicacional que possa ser feito em torno do produto/serviço em questão. Para efeito do composto de marketing, portanto, compreenda-se promoção como sinônimo de comunicação.

O papel promocional da atividade de marketing cultural seria o "retorno de imagem institucional" à marca patrocinadora, seja de produto, serviço ou institucional, em termos de "goodwill", ou seja, de boa vontade e aprovação da opinião pública à adoção de tais práticas de apoio às artes.

Na verdade, nove entre dez atividades "batizadas" como "de marketing cultural" são meros patrocínios. Não era preciso encontrar uma nova denominação para isso. Para melhor compreensão dos benefícios do patrocínio, vide Apêndice 2.

A pesquisa empreendida para o doutoramento (USP, 2000)[2] comprovou esta prevalência, mas objetivava (1) compreender e conceituar a – então – nova atividade à luz das práticas empreendidas por empresas no apoio à arte e à cultura, e (2) estabelecer uma taxonomia que diferenciasse tais práticas, propôs modalidades de acordo com o seu fato/"locus" gerador, assim foram – então – tipificadas:

---

1. McCARTHY, Jerome. Marketing básico. Rio de Janeiro, Zahar Editores. 1978. P. 84.
2. MACHADO NETO, Manoel Marcondes. Marketing Cultural: características, modalidades e seu uso como política de comunicação institucional. ECA/USP. 2000. 529 páginas.

» marketing cultural de meio: o patrocínio, quando uma organização patrocina um bem cultural como meio de promoção de sua marca institucional;

» marketing cultural de fim: o exercício do marketing pelas organizações cujo fim seria a produção e a difusão de bens culturais;

» marketing cultural de agente: o exercício do marketing pelo empreendedor, abrangendo desde a concepção do bem cultural, passando por sua precificação, distribuição e divulgação; e

» marketing cultural misto: a combinação das modalidades anteriores à guisa de divisão de custos, estabelecimento de parcerias privadas e público-privadas (copatrocínio).

E a conceituação de "marketing cultural" proposta pioneiramente pela tese:

> "Atividade deliberada de viabilização econômico-financeira de produtos e serviços que, comercializados ou franqueados, vêm atender às demandas de fruição e enriquecimento cultural da sociedade"[3].

IV.1 - Exemplos de cada uma das quatro modalidades de marketing cultural

Marketing Cultural de Fim

Praticado por organizações cujo objetivo-fim é a difusão, a gestão ou a proteção da cultura. Ainda tímido no Brasil. Sobretudo nas instituições públicas ainda não há cultura ou estrutura voltada a marketing.

O Museu de Arte Moderna de São Paulo (MAM) constitui-se, talvez, no melhor exemplo brasileiro[4] de marketing cultural de fim.

---

3. A ideia de "enriquecimento cultural da sociedade" está presente em diversos textos de Celso Furtado, economista brasileiro que moldou o primeiro projeto de Ministério da Cultura, ocupando o cargo de ministro de Estado nesta pasta de 1986 a 1988.
4. De acordo com a pesquisa de doutoramento realizada pelo autor.

Por quê?

Porque soube adaptar-se à transição do modelo de financiamento público (permanentemente decrescente há 30 anos, nas esferas federal, estaduais e municipais – com algumas exceções que confirmam a regra) para o modelo privado, adotando estratégicas genuínas de marketing, antes mesmo que se consolidasse a expressão "marketing cultural", a saber:

» Implementação de uma consistente política de parcerias com empresas, num programa pioneiro de "patronato" – com contrapartidas palpáveis, tais como ingresso gratuito, descontos em produtos e serviços, uso das instalações para promoções institucionais;

» Pioneira ação de cessão onerosa de espaço para eventos corporativos e particulares, tais como festas de empresa, lançamentos de produtos;

» Idem pioneira criação de um setor "Educativo" com oferta de cursos pagos no auditório do MAM/SP;

» Criação de lojas de suvenires fora da sede do museu (quiosques em shopping centers), além de ampliação e fortalecimento das parcerias de licenciamento da loja do museu e espaço de alimentação e convivência;

» Competente setor de patrocínios – com pessoal especializado em instruir contadores no aproveitamento da renúncia fiscal de potenciais parceiros do museu nas mais diversas leis de incentivo fiscal – nas três esferas de governo;

» Idem competente política de divulgação; tornada permanente (diferentemente da "concorrência") de aparição ocasional na mídia;

» Contratação de pessoal de alto nível para cuidar do marketing – algo até então inédito em instituições culturais.

Marketing Cultural de Meio

Praticado por organizações cujo objetivo-fim não é a difusão, a gestão ou a proteção da cultura mas que eventualmente o fazem para obter promoção institucional. Basicamente, patrocínio.

Já a Petrobras é um excelente exemplo (além de maior, um dos mais bem construídos, conceitualmente) de marketing cultural de meio.

A companhia – como seus colaboradores gostam de tratá-la, em entrevistas – estabeleceu algumas áreas de atuação (como música[5] de concerto, cinema e preservação da memória do patrimônio cultural, para citar algumas) e elaborou – em conjunto com a Faculdade de Economia, Administração e Ciências Contábeis da Universidade de São Paulo (FEA/USP) – uma planilha para avaliação da pertinência/viabilidade de projetos culturais para todo o setor cultural, uma ferramenta para avaliação de projetos culturais, independente do segmento.

Os procedimentos e as análises chegaram a um nível de exigência científico, bastante longe das práticas político-clientelistas do passado.

Ainda hoje, a Petrobras figura como a maior e uma das mais consequentes empresas patrocinadoras do cenário brasileiro, tendo criado uma verdadeira "consciência interna" sobre patrocínios.

Tal foi o valor que a Petrobras construiu em torno de seus patrocínios que o conjunto de ações ganhou marca e *slogan* próprios: "Programa Petrobras Cultural", "Patrocínios Petrobras, mas pode chamar de compromisso", além de uma plataforma que emoldurou, por anos, suas inserções de mídia impressa e eletrônica: "Se a Petrobras não fosse uma empresa, seria o conjunto de todas as ações que ela patrocina".

Marketing Cultural Misto

Modalidade em que organizações privadas se unem ou mesmo parcerias público-privadas são celebradas para minimizar custos. Co-patrocínio. É a modalidade que mais cresce no Brasil.

O Centro Cultural Banco do Brasil é o melhor exemplo brasileiro[6] de marketing cultural misto. Em pesquisa de opinião realizada no âmbito da tese de doutoramento, 88% dos entrevistados recordavam-se espontaneamente da marca Banco do Brasil como patrocinador, embora a grande maioria das produções havidas em suas dependências fossem,

5. A Petrobras é caso único no Brasil de empresa mantenedora de uma orquestra sinfônica.
6. De acordo com a pesquisa de doutoramento realizada pelo autor.

há bastante tempo, viabilizadas com recursos de outras empresas patrocinadoras[7] – justamente o que caracteriza esta modalidade mista de marketing cultural.

O desafio adicional desta modalidade para os profissionais de marketing – que é a que mais cresce justamente pelos cada vez mais altos investimentos necessários – é justamente como obter visibilidade equânime para um "coletivo de marcas". Quem sobressai? Alguma se sobressai?

Infelizmente, neste campo de parcerias, o que mais se vê – na assinatura das iniciativas – é uma genuína "salada de marcas".

Marketing Cultural de Agente

O mais genuíno uso do termo "marketing", uma vez que um empreendedor (com incentivos ou no risco empresarial) concebe a proposta de valor desde o início, compondo todo o composto de marketing da iniciativa. Empreendedorismo.

Já a produtora cultural carioca Dell'Arte é o melhor exemplo[8] de marketing cultural de agente, marcando sua presença no setor de risco, no qual a concepção artística caminha à frente das decisões mercadológicas de seus clientes.

Muitas vezes as atrações artísticas são trazidas ao Brasil e viabilizadas apenas com a receita de bilheterias.

Não raro (embora não majoritariamente) há um empate entre custos e receitas, ou mesmo prejuízo.

---

7. No início, no interior do CCBB, só aconteciam ações patrocinadas por empresas do grupo, tais como BB Seguros, BB DTVM etc. Uma mudança de política nos asnos 1990 alterou isto, permitindo que outras marcas patrocinassem eventos dentro do CCBB, ressalvada a vedação a negócios concorrentes nos ramos de atuação do grupo Banco do Brasil.
8. De acordo com pesquisa de doutoramento já citada.

IV.2 - O que ainda precisaria ser fomentado no campo do marketing cultural?

Resposta: o empreendedorismo, a atuação com risco e, também, o verdadeiro mecenato descompromissado da promoção, além de genuína filantropia – no sentido mais essencial do termo – o de amor ao próximo.

O empreendedorismo deveria vir pela via da profissionalização dos perfis que constituem o que denominamos "entorno do artista".

A atuação com risco, por sua vez, viria pela adoção de uma perspectiva em que a produção artístico-cultural pode ser rentável – e aí, justamente, encontrar-se-ia toda a gênese de sua atividade-filha, o chamado "show business".

No caso do mecenato, salta aos olhos a involução do conceito atual, sob a Lei Rouanet, daquele original da Lei Sarney (da qual a legislação atual é um aperfeiçoamento). Na lei de 1986, o mecenato genuíno (discretíssimo ou não divulgado) era a única modalidade de apoio que dava ao patrocinador um desconto de 100% da quantia investida em seu imposto de renda devido, coisa que desapareceu com a legislação atual.

A filantropia, por sua vez, dar-se-ia pelo entendimento de que cabe às grandes fortunas do país, seja de pessoas físicas ou jurídicas, o papel de fomentadoras do progresso social, a exemplo do que ocorre nos países desenvolvidos, em que a grande maioria dos aportes às artes vem de pessoas físicas ou de fundações oriundas de grandes fortunas empresariais – sem a necessidade de exposição de marcas.

O falecido empresário Antônio Ermírio de Moraes – um dos maiores filantropos brasileiros em todos os tempos – dizia: "Aprendi com meu pai que ninguém deve saber se faço uma doação. Anúncio de doação não é filantropia, é comércio".

"O futuro da Economia está na Arte".

John Kenneth Galbraith

V. O PORQUÊ DE UM MARKETING PARA AS ARTES

Numa primeira aproximação, a expressão "marketing para as artes" parece contraditória. Isto porque encerra dois significantes aparentemente antagônicos.

Reforçando o já mencionado anteriormente: enquanto o processo de marketing parte, necessariamente, da ausculta ao mercado; enquanto o espírito de marketing traduz-se pela máxima "produzir o que vende ao invés de vender o que se produz"[1], o processo de criação artística tem sua origem no âmago do artista e não fora dele.

O fazer artístico é necessidade, sim, mas não de alguém "no mercado". É necessidade do artista, que trabalha por "moto" próprio, a partir de suas percepções e de seus modos de expressão.

Se determinado trabalho artístico tem mercado, ou seja, se há público, plateia ou audiência interessada naquela forma de expressão, ou, por outra ótica, pessoas interessadas naquilo que aquele indivíduo ou grupo produz, aí, então, pode-se estabelecer um processo de marketing para as artes.

V.1 - Marketing para "o fazer do artista"

Ou, de outra forma, "marketing para o produto do trabalho artístico", resulta desse fazer artístico "não-produto", mas transformado em "performance", o classificaria como um serviço cultural intangível, diferente do "produto" (tangível) propriamente dito, tal como um livro, um CD ou DVD.

As discussões sobre marketing cultural, completadas três décadas de uso da controversa expressão (originada por ocasião da Lei Sarney, de 1986), se – por um lado – permitiram um aperfeiçoamento de práticas por parte de patrocinadores e produtores culturais estabelecidos, por outro lado não deram conta da demanda dos verdadeiros criadores, ou seja, de artistas e produtores culturais[2] (aí compreendidos os profissionais ou organizações que orbitam o artista) na busca por viabilização econômico-financeira.

1. VASCONCELLOS, Manoel Maria. Marketing básico. Rio de Janeiro, Conceito Editorial. 2006. P. 63.
2. FRIAS, Lena. "Para mim, o verdadeiro produtor cultural é o artista". Palestra proferida na UERJ em

V.2 - Marketing para as artes "versus" marketing cultural

É importante verificar que sempre houve a possibilidade de utilização da expressão marketing cultural fora do âmbito empresarial, no universo das artes e da cultura. E esta foi a ideia original na base da pesquisa empreendida na USP.

Infelizmente, na prática, os criadores primordiais não adotaram a expressão, que foi capturada por agências e empresas anunciantes.

Cerca de 90% do que se autodenomina como sendo marketing cultural são as atividades de patrocínio levadas a efeito por empresas privadas em busca de promoção institucional de suas marcas. Nem haveria necessidade de um novo termo para isto.

Ora, a cultura é todo o conjunto da atividade humana. Não somente a atividade, mas também toda a expressão advinda dessa atividade. E todas as linguagens que traduzem essa expressão.

O modo de vida quotidiano é cultura; o vestir, o falar, o alimentar, o divertir etc.

Já no contexto das artes – de belas artes – admitindo a concepção da obra artística dada por Umberto Eco em seu livro "Obra Aberta", seria preciso dar um salto – o que ainda é visto com certa desconfiança pelos próprios artistas – e entender a obra de arte, sim, como um "produto". Produto de um "fazer artístico". Fruto do processo de um ato de produção, dando curso à manifestação "de toda a raça humana" – via suas antenas privilegiadas, como bem definiu Ezra Pound[3] – o artista representa o coletivo, primeiro humano-instintivo, depois cultural, do meio em que o humano vive.

Ora, por seu lado, de acordo com o cânone estabelecido por Jerome McCarthy[4], marketing pressupõe o desenvolvimento de um produto, sua

outubro de 1999.

3. CAMARGO, Nelly de. "Ezra Pound, declarou que 'o artista é a antena da raça', em 1934!". Palestra proferida na ECA/USP em 1998.

4. McCARTHY, Jerome. O "marketing mix", ou composto de marketing, os afamados "4 Ps", estabelecido de forma seminal pelo autor, pressupõe "o produto certo, a que se chega através da comunicação certa,

precificação, sua distribuição e a promoção que se venha a fazer em torno do mesmo (tanto de divulgação – informativa, como propagandística – comercial).

Se formos alijar (ou preservar) o artista do processo de marketing – muito embora o artista que deseje viver de sua própria arte não possa desprezar o aspecto "venda" de seu trabalho, mesmo que para a mera subsistência – será preciso admitir a presença de um produtor artístico não artista, cujo papel seria o de transformar o trabalho do artista (em estado puro, ainda no atelier, no estúdio, na partitura, no texto em produção ou engavetado) em um produto comercializável, ou seja, passível de um "processo de marketing".

O produtor artístico atuaria, então, como um "gerente de produto" (além de eventualmente também "gerente pessoal"[5]), administrando a produção, desde a organização dos "insumos" desse produto, até a sua distribuição, passando pelas fases de precificação e promoção. Um perfil ideal para este mister é o do relações-públicas (RP).

Nesse ponto, é oportuno citar uma outra forma de compreender o composto de marketing, concebida por um brasileiro, Raimar Richers, professor da Escola de Administração de Empresas de São Paulo – EAESP/FGV – o seu composto de "4 As") [6]:

» avaliação,

» adaptação,

» ativação e

» análise.

Na avaliação está toda a atividade de pesquisa de mercado. Um estudo cada vez mais necessário e presente em todas as esferas da produção. Nas empresas, tal atividade ganhou relevância com a criação, na década de 1980, com a criação dos Sistemas de Informação de Marketing (SIM). O sucedâneo patamar deste esforço gerou o sistema de inteligência de marketing e a chamada inteligência competitiva – cujas bases repousam,

no local certo, pelo preço certo".

5. Um dos papéis mais comuns nos países mais desenvolvidos é o de "personal manager", a quem é dada a tarefa de "cuidar" do artista, da vida pessoal, à divulgação e aos negócios.

6. COBRA, Marcos. Marketing básico. Uma perspectiva brasileira. S. Paulo, Atlas. 1985. P. 33.

hoje, sobre a imensidão de dados que circulam "na nuvem" – o tal Big Data. No "fazer artístico" autêntico – objeto deste trabalho – podemos desconsiderar esta fase.

Na adaptação, o que se conheceu sobre públicos-alvo molda a criação. É a estética do "encantamento do consumidor" pela oferta de produtos e serviços que atendem de maneira ótima até necessidades insuspeitas. A marca Apple explora esta chave. No "fazer artístico" deste estudo, também se pode descartar esta etapa do composto.

A ativação é ação produtiva propriamente dita. Aqui, sim, vemos o criador. Como disse o artista visual e curador de artes Alberto Kaplan – em palestra na UERJ (2013) – "Pintar é como um jorro", e em performance no Centro Cultural Laurinda Santos Lobo, em 2016: "Pintar é um derramar do artista".

A análise – na indústria, nos negócios – é a recepção do "feedback" do mercado ao produto/serviços oferecido. O tratamento deste retorno de informação pode levar a aperfeiçoamentos ou, até, a descontinuações. O refrigerante Coca-Cola Classic (uma versão "tradicional" de sabor criada paralelamente a uma mudança – fracassada e posteriormente abandonada – levada a efeito, nos Estados Unidos, por causa da concorrente Pepsi-Cola), é um exemplo de descontinuação por absoluta não adesão do consumidor.

No universo das artes há exemplos de insucessos, mas artistas não "avaliam" insucessos, simplesmente partem para outra iniciativa. Quem avalia insucessos são os "managers" do marketing.

Poder-se-ia citar, à guisa de "análise", a crítica especializada, mas a mesma parece não afetar muito os verdadeiros a criadores (despreocupados com opiniões). Como disse o designer e artista visual Romero Britto em entrevista ao programa "Mundo S. A.", da Globo News (em 2016), "A história da arte não reserva espaço para críticos, mas para os artistas".

"O marketing é uma atividade humana dirigida a satisfazer necessidades e desejos através do processo de trocas".

Philip Kotler

VI. DESAFIOS CLÁSSICOS DO MARKETING

Uma vez desenvolvido o bem cultural (produto cultural ou serviço cultural) – vêm as fases de precificação e distribuição.

A precificação – ou processo de formação de preços – é uma fase que precisa atender a dois reclamos (aparentemente inconciliáveis): o valor final "de venda" do bem cultural precisa cobrir todos os seus custos de produção e, tendo em vista a remuneração de artistas e produtores, assegurar uma margem. (Na denominação capitalista, tal margem denomina-se lucro. Numa visão "de Estado" financiador, pode-se dispensar a noção de lucro – desde que assegurada a subsistência de quem trabalha – e, então, dar lugar a uma noção de "lucro social", quando lucro é o "enriquecimento cultural da sociedade", na noção posta por Celso Furtado).

Já a distribuição tornou-se o maior desafio pós marketing elementar (este, anterior à segunda grande guerra mundial), uma vez que a internacionalização da Economia (LEVITT) nas décadas seguintes amplificou o número de praças. O panorama atual, de absoluta globalização, considera todo o planeta como potencial "praça" para a venda de qualquer coisa. De automóveis a musicais.

Não por outra razão, os mais altos salários – hoje – no marketing são os alocados no "trade marketing" – ou seja, dos executivos que enfrentam os desafios logísticos de comercializar picolés entre continentes.

Um exemplo de globalização na arte é o empreendimento canadense "Cirque du Soleil" – que mantém oito espetáculos em cartaz simultaneamente ao redor do mundo.

Ora, se a distribuição é um desafio para a indústria de bens duráveis e de consumo, para os bens culturais o desafio não é diferente.

Nesse ponto do processo podem entrar em cena as organizações que constituem a chamada "indústria cultural". Ou as estruturas alternativas, ou autônomas ou cooperadas que surgem à margem do "maistream" composto pelas chamadas "major companies"[1].

---

1. Diz-se dos grandes conglomerados como Sony+BMG, Universal, Fox, Time+Warner entre outros.

Não é falso considerar o artista ainda desconhecido pelo grande público – leia-se não presente na grande mídia – ver-se, propriamente, no vestíbulo da "fama" – uma fama à qual poderia ser guindado pelos conglomerados que, além de "processarem" conteúdo, detêm ou são associados às grandes cadeias da mídia. Por esse raciocínio – em que pese a crítica que a ele se possa fazer – pode-se inferir que todo artista, em tese, almeja reconhecimento por parte do grande público, mesmo às vezes alijado da grande mídia multiplicadora. Mais cedo ou mais tarde a grande mídia traria para si o desgarrado talento. Uma espécie de "atrator universal" das artes. Há controvérsia a ser explorada, mas o vasto tema "fama" extrapola o escopo deste trabalho.

VI.1 - Considerações detalhadas sobre o processo de precificação

Um dado compositor tem um certo valor atribuído pela indústria à sua obra. Um pintor, igualmente por sua produção pictórica junto ao meio especializado. Identicamente, atribuem-se custos de manutenção a uma orquestra, a um corpo de baile ou a uma companhia teatral.

O viabilizar de tal custeio passa pela distribuição potencial do trabalho, ou seja, o público que se poderia atingir comercialmente (direta ou indiretamente, como seriam os casos de shows ao vivo ou de transmissões via "streaming" em web/TV) e que, consequentemente se pagariam por meio de bilheteria ou de publicidade comercial (com direitos de transmissão).

Um bom exemplo é o sistema "pay-per-view" das TVs por assinatura, em que o telespectador/usuário paga para assistir a uma ópera, por exemplo, em casa ou em uma sala de cinema.

Outra estratégia é a de apresentações limitadas e a preço elevado (explorando os aspectos de exclusividade e privilégio) como, por exemplo, foi a vinda recente do Ballet Bolshoi ao Brasil, após mais de dez anos de ausência dos palcos brasileiros, anunciada como atração "exclusiva" do canal (de TV por assinatura) Multishow.

A indústria da música – assim como a editorial – estabelece a remuneração do trabalho artístico de criação (composição/redação), dá suporte a essa criação (livro/DVD) e coloca o produto de seu processo industrial à venda, além de promovê-lo.

Uma cadeia de serviços entra em cena desde a fábrica (prensagem/gráfica) até a prateleira da rede de comercialização (varejo em geral, livrarias). É o aparato da distribuição (que dá o acesso físico do bem ao interessado) – maior nó do processo de produção cultural – que, aliado à propaganda (publicidade comercial) e à divulgação (publicidade espontânea) permitirão o conhecimento da obra pelo público e o consequente ato da compra ou fruição.

É uma longa cadeia, visto que o produto cultural pode ter que transitar por grandes regiões, países ou até mundialmente (no caso de músico ou escritor de alcance internacional).

Nesses processos (de produção, distribuição e promoção) consomem-se, em média, mais de 90% dos recursos totais envolvidos, visto que o artista percebe – na esmagadora maioria das vezes – a remuneração máxima de 10% a título de direito autoral por sua obra [2].

Muitas vezes, artistas do disco e escritores mudam de selo/editora em busca de melhor remuneração (há casos que elevam a participação a 12%), adiantamentos sobre vendas e/ou melhor processo de promoção (companhias fonográficas e editoras custeariam viagens para fins de divulgação, promovendo festas, noites de autógrafos e coletivas de imprensa).

Um interessante algoritmo em que alternativas binárias de decisão se sucedem foi proposto já em 1980:

---

2. Cartilha UBC - União Brasileira de Compositores, Rio de Janeiro, 2008.

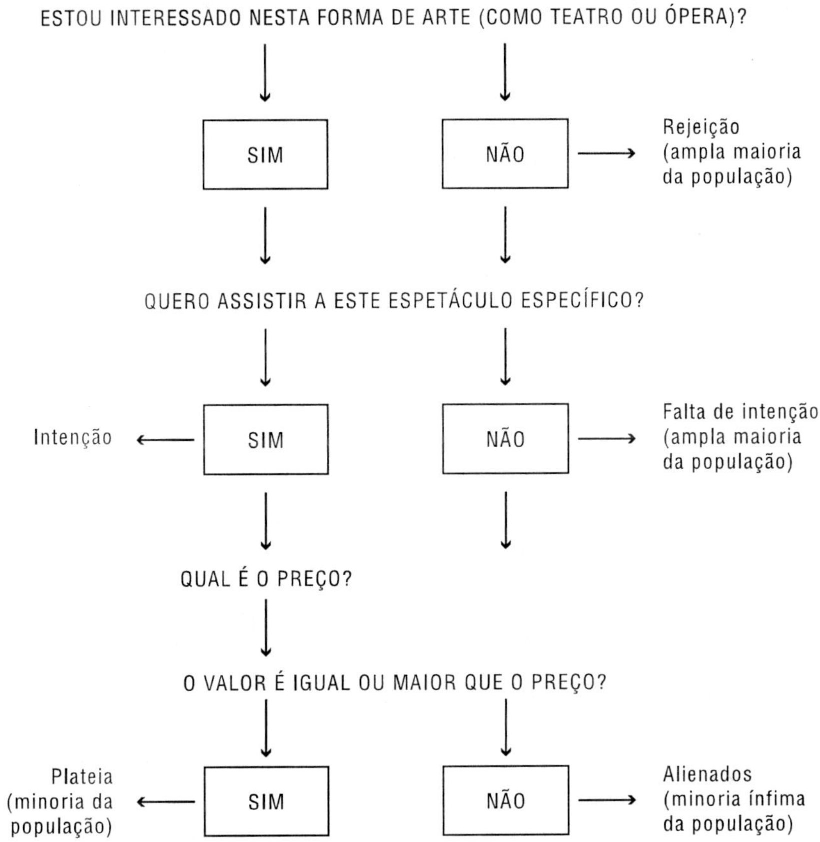

Figura 1 - Tomada de decisão que relaciona bem cultural X preço X interesse (e "consumo").
In Marketing the Arts, Ed. Michael P. Mokwa, William M. Dawson e E. Arthur Prieve. Praeger, 1980

"Meu filho, você quer aparecer? Pendure uma melancia no pescoço".

Abelardo "Chacrinha" Barbosa

VII. CONSIDERAÇÕES SOBRE PROMOÇÃO

Confundida muitas vezes pelo senso comum com o próprio marketing (do qual é apenas parte), a comunicação completa o composto de marketing e é, consequentemente, a sua fase mais visível (e por vezes a mais onerosa de todas – diz-se de várias produções cujo custo de promoção ultrapassou em muito os custos do próprio desenvolvimento do produto e sua distribuição).

É verdade que muitas vezes é atribuído um alto poder à promoção pelo fato de, eventualmente, se conseguir vender algo a quem não precisa. No entanto, considerando processos que se estabeleçam (e se repitam), onde aquele "enganar" (ou a sensação de ter sido enganado) está descartada, a comunicação deve ser fiel àquilo a que se refere e ao preço/condições que proporcionar ao seu público-alvo no ponto/local de compra ou fruição.

No processo de comunicação de uma produção artística há duas instâncias de promoção:

» a divulgação; através dos meios jornalísticos

» a propaganda; através dos meios jornalísticos e comerciais

(Obs.: por isso é tão importante a relação com a mídia nos processos de promoção da produção artístico-cultural. A mídia participa como meio independente quando noticia o fato e quando o critica (os críticos de arte exercem seu ofício por meio dos veículos de comunicação) e participa como interessada – interesse comercial, bem entendido – quando contratada como espaço publicitário ou como copromotora (quando entra única e exclusivamente fazendo a sua função de meio).

No processo de marketing cultural – em que a empresa patrocinadora atrai para si a atenção do público de determinado artista – o artista obtém a remuneração pelo seu trabalho, enquanto a empresa faz sua promoção institucional bancando shows, edições de livro e disco, espetáculos de dança, música e exposições. Sua contribuição financeira faz o processo movimentar-se e a associação desta ação com sua imagem (a busca é sempre por um resultado positivo) é um instrumento (podendo chegar, em alguns casos, como o da Companhia Cacique de Café Solúvel[1], a ser uma política institucionalizada) de relações públicas.

O patrocínio, porém, será mero instrumento de promoção efêmero se for adotado esporadicamente (de meio, não baseado em uma política que dê caráter de continuidade) ou baseado apenas em oportunidades eventuais.

Será uma política se, concebida como tal pelos altos escalões das empresas, tenha uma duração no tempo, uma orientação artístico-cultural (que pode ser fruto de uma curadoria ou de uma consultoria especializada) – o que redundará numa imagem mais duradoura. É o caso da Eletrobrás, com seu apoio ao teatro e à dança e o da Fundação Roberto Marinho e da Souza Cruz com relação à preservação do patrimônio histórico.

Não é o caso de iniciativas-relâmpago ou que não se sustentam no tempo (vide o caso atual do Prêmio da Música Brasileira, que não teve sua edição anual em 2015). Um efeito contraproducente.

VII.1 - Por que diferenciar o "show business" da "produção cultural"?

"There is no business like show business".

Joe Gideon (personagem baseado em Bob Fosse, em seu autobiográfico filme "All that jazz", de 1979).

Pelo entendimento de que, como setor econômico, o "show business" se sustenta, sua estrutura (embora beba na fonte do artista não autossustentável) permite aporte de verbas (adiantamentos ao artista) e sua "máquina" garante divulgação e distribuição, assim como sua associação com as grandes corporações da mídia e anunciantes (quando não são elas próprias) garantem o "merchandising" do produto artístico (ou seja, o "consumidor" vê o artista e quer o show ou livro).

1. Um dos casos estudados na tese de doutoramento já citada, a Cia. Cacique apresentava, já na década de 1980, antes mesmo da Lei Sarnei (de 02/07/1986), uma destacada presença como fomentadora das artes em Londrina, Paraná. Isto devia-se a uma política cultural institucional.

A venda de livros e DVDs é o meio de sustentação da atividade e em shows a bilheteria pode bancar até toda a produção – que lhe sai de graça ou é entregue a terceiros (os quais também operam com lucro).

Por este raciocínio, o show business poderia prescindir de incentivos fiscais ou, por outra, deveria ser vedado o uso desses incentivos por agentes – que visam lucro – do *show business*.

> "Incentivos fiscais não têm que financiar cachês absurdos, não têm que bancar os U2 e tenores da vida. O incentivo fiscal pode possibilitar a infraestrutura para que esses artistas venham ao Brasil, mas essas estrelas deveriam se valer de seus próprios atributos para gerar seu "income", suas receitas – através de bilheteria. A lei atual já traduz um pouco isso, no sentido de que você tem uma limitação para cachês. São fixados certos parâmetros. Por exemplo: não se pode pagar imposto de renda sobre cachê com dinheiro de incentivos; não se pode utilizar a verba de incentivo para comunicação acima de um determinado teto percentual; não se pode pagar a quem capta recursos mais do que um determinado percentual. Isso tudo reflete o amadurecimento do mercado. No passado muitas coisas hoje impossíveis ocorriam".[2]

> "Quando se negociava um segundo disco na própria Coca-Cola, esta optou por Lulu Santos em uma temporada no Canecão (ou seja, o dinheiro que bancaria uma orquestra de 40 músicos durante um ano foi destinado a uma temporada de um músico já consolidado pela indústria fonográfica, de apenas duas semanas). [3]

VII.1.1 - Da aplicação errônea do termo marketing à produção artística

Ora, se a atividade de marketing, muito mais que apenas vender é disponibilizar produtos e serviços que atendam a necessidades e desejos específicos de um determinado segmento de pessoas, toda a atividade que, através do uso do composto de marketing, disponibilizar um bem cultural a um público é marketing cultural.

2. DAUELSBERG, Steffen, produtor. Depoimento ao autor.
3. MACHADO, Mario M., produtor executivo. Depoimento ao autor.

Assim, tanto fará marketing cultural a instituição cuja oferta de bens culturais é seu objeto social ou atividade-fim, como fará marketing cultural a instituição – seja pública ou privada – que viabilize a oferta de bens culturais, financeira ou materialmente, tornando-os passíveis de fruição (consumo).

O espírito das leis de incentivo fiscal à cultura almeja um incremento da atividade cultural, com maior oferta de bens ou serviços e, consequentemente, um engajamento maior de mão-de-obra no setor. Às verbas orçamentárias destinadas à promoção pelas organizações se somariam um "plus" advindo de renúncia fiscal, gerando um maior volume total de investimentos.

Não é, necessariamente, o que vem ocorrendo. Muitas empresas têm substituído total ou parcialmente seus investimentos em comunicação institucional por projetos incentivados, fazendo publicidade comercial a custo zero (mas às custas de renúncia fiscal). Já pequenas e médias empresas – que, normalmente não destinam verbas para promoção institucional – passam a ter a chance de investirem, até mesmo em mídia, via leis de incentivo à cultura.

Quanto à adequação da promoção cultural à esta ou àquela organização, o desafio recai sobre profissionais, na grande maioria das vezes, ainda despreparados para esta escolha.

E isto ocorre nos dois lados da negociação: tanto daquele que oferece o projeto cultural para o possível patrocinador quanto daquela empresa que recebe o projeto para avaliar.

"Nossa classe cabe dentro de uma van".

Ney Latorraca

VIII. DO AGENTE ARTÍSTICO, ESTE PERFIL PRATICAMENTE INEXISTENTE NO BRASIL

Na intermediação das relações entre produção cultural e patrocinador pode se estabelecer um perfil de agente.

Tal agente cultural deve ter um perfil bastante eclético. Pode ser um membro da equipe de produção (participante da companhia teatral, de dança ou orquestra) e o ideal é que seu papel na companhia seja apenas esse. Isto já ocorre (no âmbito da divulgação) com algumas companhias que, em seus quadros incluem a figura do divulgador. Pode ser ainda um elemento pertencente aos quadros de centros culturais ou casas de espetáculos – figura que funde-se (ou não) com o papel de programador cultural.

Outra possibilidade, mais remota, é encontrá-lo "misturado" com a figura do captador de recursos, alguém que se propõe a, tão somente, unir as pontas: o artista e sua produção ao patrocinador que a subvencione.

Como adequar o apoio cultural que se decida fazer à comunicação institucional da empresa, seus objetivos, seus públicos, seu marketing de produtos, sua história pregressa?

Como saber se para um banco, por exemplo, será mais interessante apoiar uma montagem teatral por três meses ou uma companhia de balé por um ano.

Primeiramente seria preciso conhecer bem quem é esse banco, como atua no mercado, se já possui uma estratégia de comunicação institucional e para quê públicos se dirige. Será seu objetivo pulverizar sua atuação, popularizar-se ou elitizar a clientela, penetrando num determinado nicho de mercado, pequeno, mas muito rentável?

E, por sua vez, a tal montagem teatral? A quem se destina? Onde será encenada? Qual a sua mensagem principal e que "ganchos" de divulgação ela gerará quando de seu lançamento? Qual seu custo? E a companhia de balé? Terá uma turnê nacional em vista? Terá repercussão na crítica/imprensa especializada? Trará grandes públicos às apresentações?

Um caso memorável, tratado em profundidade pela revista Marketing Cultural, foi o patrocínio dado pelo BankBoston à temporada do espetáculo teatral "Meno Male", de Juca de Oliveira, no início dos anos 1990. Qual seria o "target" do banco? E o público da peça? Haveria interseção entre esses dois grupos, aparentemente tão distintos? Ou o patrocínio foi dado em razão aos nomes que compunham a ficha técnica? A segunda hipótese é a correta. Ou seja, inadequação "produto-público" próxima ou igual a zero.

Muito mais importante que obter um timbre em seu material de divulgação é poder ter no patrocinador um coautor da iniciativa (da produção, não do texto). Na "pré-história" da produção cultural que buscava patrocínio, procedia-se assim: produzida a peça ou filme, ao preparar-se as peças de comunicação, saía-se à procura de padrinhos. Visitava-se desde o dono da hospedaria ao lado do teatro até o presidente do conglomerado industrial da cidade, de pires na mão, à procura de um timbre. Buscava-se ainda o timbre do fornecedor de madeira e tecidos para o cenário, que, por sua vez, poderia estar ao lado da grande rede de televisão que decidia, na última hora, "dar uma força" àqueles jovens talentosos, oferecendo divulgação, a título de apoio cultural. Até hoje se vê produções espécimes pré-históricos de marketing cultural nas grandes capitais brasileiras.

Ainda sobre a dicotomia produção cultural VERSUS "show business". Quem poderia classificar tais categorias? Quais seus critérios? Parecem termos aplicáveis a uma mesma manifestação ou obra em diferentes estágios no tempo. Assim o poema, a música ou a pintura seriam produção cultural legítima quando no atelier, no momento da criação, naquele instante em que a inspiração, ocorrendo no interior do artista, ganha forma, passando a obra de arte (que pode ou não ser comunicada – no sentido mais literal do termo, que é o de tornar comum – a outrem). Essa mesma produção artística tornada produto e reproduzida em série, industrialmente, requerendo investimentos os quais, obviamente, preconizam retorno e lucro, seria o que reconhecemos sob a alcunha de "show business": é o "best seller", o "blockbuster", o disco de ouro, a telenovela que paralisa o país, a última dança da moda. Há uma diferença oceânica entre esses dois estágios.

Talvez seja mais prudente uma postura equidistante em relação a esses dois aspectos da criação artística (a produção original e a produção consagrada por vendas extraordinárias).

Afinal, parece impossível fazer ciência em torno do porquê tal música "estourou" e outra permaneceu do limbo, ou mesmo no baú, ou ainda as razões do sucesso que estão por detrás da avaliação de um determinado quadro, de determinada fase de determinado artista.

São questões que merecem mais aprofundamento... mais adiante.

Não é improcedente a ideia de que, no Brasil, a exemplo do que acontece nos países mais desenvolvidos, surja no mercado de trabalho um nicho para profissionais de RP (relações-públicas) especializados em atender artistas. Foi, aliás, este o meu caso particular. Ainda no curso de graduação em RP, decidi pelo ofício de "divulgador cultural", tendo iniciado, já no ano seguinte à formatura, uma carreira de "agente" de artistas individuais e de grupos – atividade que perdurou por mais de uma década (via pessoa jurídica) e que, na verdade, ainda não se encerrou – permanecendo como uma atividade informal.

“O combinado não é caro”.

Dito popular

IX. CONSIDERAÇÕES SOBRE VALOR, CUSTO E PREÇO

A questão do valor em arte é algo não objetivo. Questões como nobreza de suporte (tela ou papel, em artes plásticas, por exemplo), autenticidade de autoria, antiguidade, igualmente não o são. Tais limitações, no entanto, não devem intimidar uma aproximação interessada.

A título de ilustração vale lembrar a lenda, recontada pelo artista plástico Alberto Kaplan em palestra [1], que corre acerca do não menos lendário Pablo Picasso:

> "Estaria Picasso, já famoso, em um café parisiense quando, reconhecido por pessoas de outra mesa e abordado por uma delas, teria sido solicitado a fazer rabiscos em um guardanapo de papel. Picasso, simpaticamente teria acedido. De posse daquele "troféu", ao voltar para a mesa, fora o admirador advertido pelos demais de que o guardanapo "rabiscado" ficara sem assinatura – ou seja, ninguém acreditaria que seu autor fosse o gênio Pablo Picasso. Voltando à mesa do artista, meio sem graça, o fã do pintor teria pedido ao mesmo, então, que assinasse o desenho. Picasso, novamente, teria atendido o pedido... mas retido, num rápido gesto, o prosaico guardanapo de papel. Solicitado a devolvê-lo, teria dito: 'mas, agora... são 30 mil dólares'."

Por sua vez, o marketing, nos anos 1990, vê-se num momento delicado após uma trajetória de consagração em nível global, o que Tom Rapp[2], um dos mais requisitados consultores americanos e autor, entre outras obras, do livro "Maximarketing: os vencedores", chama de "a era do rude despertar", quando já não basta anunciar mais e mais alto para ganhar espaço na mente do público/consumidor.

Aliás, o marketing desde a segunda metade dos anos noventa do século XX vem aproximando bastante o seu discurso de temas típicos de relações públicas: públicos, ao invés de meros "targets" consumidores, de relacionamento, ao invés da simples venda, de comunicação dirigida, ao invés de comunicação massiva. Já no início da década de 1980, Al Ries e Jack

1. KAPLAN, Alberto. Palestra proferida na UERJ em abril de 1996.
2. RAPP, T. e COLLINS, S. Maximarketing: os vencedores. S. P., Makron Books. 1991. P. 61.

Trout escrevem uma das obras capitais do marketing: o livro "Positioning" ("Posicionamento", também lançado no Brasil).

> " . . . o approach básico do posicionamento não é criar alguma coisa de novo e diferente, mas manipular o que já está lá dentro da mente, e realinhavar as conexões que já existem. O mercado de hoje não reage mais às estratégias que deram certo no passado. Há produtos demais. Empresas demais. Barulho demais no marketing . . . " [3].

Na transição da era do consumerismo (ênfase no consumo pelo consumo) para a da defesa do consumidor, o perfil típico do profissional de marketing, de grande vendedor, já não se ajusta à mediação empresa-cliente; o perfil adequado parece ser aquele clássico de RP, ou seja, do administrador de relacionamentos institucionais.

Para melhor compreensão das convergências entre marketing e relações públicas vide Apêndice 3.

IX.1 - O contexto da comunicação integrada

O conceito de comunicação integrada completou 30 anos de Brasil em 2016. Trazido à academia por Margarida Kunsch, em 1986, custou pouco mais de uma década para que as organizações adotassem a nova abordagem, a qual não mais via a agência de propaganda descolada da assessoria de imprensa e ambas descoladas da comunicação de marketing e da promoção de vendas. E isso, antes da revolução digital – que mudou tudo...

No âmbito das empresas, portanto, se pensarmos no ano de 1996, com a comunicação integrada finalmente colocada em prática no mercado – por agências e clientes –, pode-se afirmar que o Brasil dos negócios finalmente compreendeu a então nova visão com um atraso de outros 30 anos em relação à Inglaterra e aos Estados Unidos, onde o conceito e a prática de "integrated marketing communications" nasceram e se desenvolveram.

3. RIES, A. e TROUT, J. Posicionamento. A batalha pela sua mente. S. P., Pioneira. 1994. P. 4.

Margarida Kunsch colocou o conceito de comunicação integrada no topo e na proa das relações públicas brasileiras – o que consolidava a abordagem já holística da área no campo da Comunicação (então, "Social" – hoje, não mais). De fato, a formação em RP no Brasil é única no mundo, para muito além de "media relations" (ou das mais antigas "press relations") que fundaram a criação daquela nova atividade há mais de 110 anos atrás – com Ivy Lee, jornalista que deixou a redação (detalhe ético crucial) para cuidar da divulgação de matérias, em jornais, no interesse de seus clientes (em 1906) – um trabalho que, no Brasil, consagrou-se sob o rótulo de assessoria "de imprensa" (que, por isso, consolidou-se como segunda opção de atividade para jornalistas profissionais).

Pois bem, Margarida Kunsch, em seu livro "Planejamento de relações públicas na comunicação integrada", propõe um sistema de comunicação organizacional no qual o "marketing cultural" aparece como parte do segmento "comunicação institucional".

O diagrama proposto pela pesquisadora:

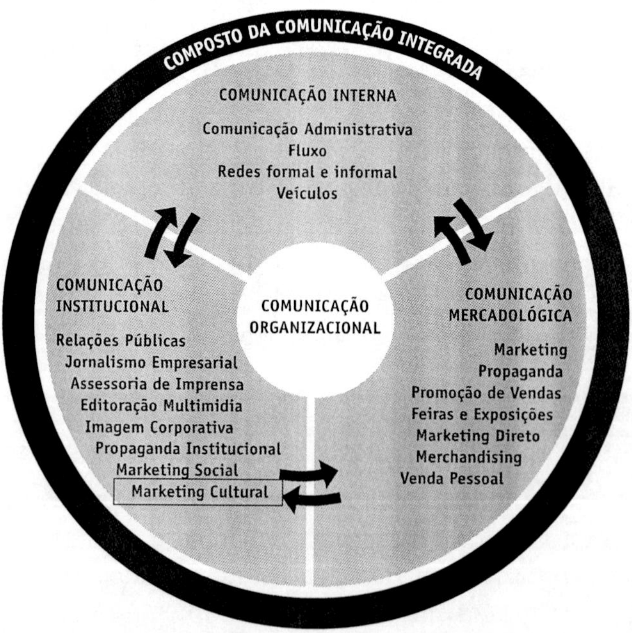

Figura 2 - Kunsch, Margarida M. K. Planejamento de Relações Públicas na Comunicação Integrada (destaque para marketing cultural do autor). São Paulo, Summus Editorial, 4a. edição, 2003. P. 151.

Segundo a autora, muitos rótulos vêm surgindo no mercado em tempos de ambiente de maior concorrência e ebulição comercial. Tal meio, sempre ávido por novidades e muito incensado pelos publicitários, pelas mídias e pelos ditos "marqueteiros" se encarrega de batizar com nomes pomposos, pendurados no termo "marketing", práticas já muito antigas e consagradas.

É o caso de projetos institucionais de patrocínio à cultura existentes há décadas, tais como o Prêmio de Música Brasileira, Música no Museu e o Projeto Aquarius, entre outros.

IX.2 - O contexto da produção cultural empresarial – depoimentos

A atuação do agente especializado em promover o trabalho de artistas e grupos artísticos foi tema em relação ao qual posicionou-se Steffen Dauelsberg, da produtora Dell'Arte, em palestra (e, depois, em depoimento exclusivo), na UERJ:

> "A Dell'Arte vem diversificando o atendimento e formatando, a cada ano, novas propostas de produção para clientes tradicionais e potenciais. Com a estratégia de realizar diferentes eventos de música clássica e de dança que se associam pelo critério de qualidade e adequação aos objetivos promocionais das empresas, esses têm na relação patrocínio/parceria o seu melhor resultado.
>
> Na série Dell'Arte de concertos internacionais, por exemplo; com a venda antecipada por assinatura de uma programação anual de concertos, diferenciada pela alta qualidade do elenco e pela garantia da melhor produção, a Dell'Arte gerou um produto de ponta: a Série Dell'Arte – um projeto que coloca à disposição do mercado brasileiro, artistas selecionados nos principais centros musicais, consagrados ou ainda não descobertos pelo nosso público.
>
> Uma ideia que viabiliza também a produção regional, descentralizando e ampliando as fronteiras culturais do país. Sucesso há duas

décadas, no Rio de Janeiro, a Série se estendeu por mais quatro capitais: Curitiba, Brasília, Porto Alegre e Belo Horizonte, e já trouxe nomes de peso como: I Musici, Vladimir Gulbenkian, Orquestra de Câmara de Praga, The Academy of St. Martin-in-the-fields, Sinfônica de Varsóvia, Sinfônica de Lille e Mstislav Rostropovitch entre muitos outros.

> Todos esses artistas possibilitaram à Dell'Arte um trabalho com ações de marketing intensas, tais como o apoio fundamental de Béjart Ballet Lausanne à Sociedade Viva Cazuza; as apresentações de rua do STOMP, numa cozinha cenográfica ao ar livre, em promoção realizada com as rádios FMs, em todas as cidades da turnê; o pioneirismo no aproveitamento da Lei Municipal de Incentivo à Cultura na vinda da Companhia Teatral de Philippe Genty e a excelente geração de mídia espontânea de Joaquín Cortés, no espetáculo feito ao ar livre, na praia de Ipanema, com transmissão ao vivo no Jornal Nacional da TV Globo.
>
> São exemplos concretos do esforço da Dell'Arte em exercitar a criatividade para interagir e criar novas ações promocionais. Com esses projetos foi possível estabelecer uma comunicação dinâmica, potencializando ao máximo a exposição de cada artista, numa equação que conjugou planejamento e execução através do marketing cultural".

Já sobre estratégias e oportunidades específicas de "marketing cultural", Dauesberg acrescentou:

> "Além da criação e execução de projetos, a Dell'Arte está atenta também às chances do mercado. O nosso trabalho em marketing cultural inclui uma consultoria fiscal completa, capaz de planejar os eventos e potencializar os incentivos, alocando a verba dos nossos clientes de acordo com a oportunidade do "show business". Graças à nossa agilidade empresarial, a apresentação de Andrea Bocelli, no Rio de Janeiro, por exemplo, foi viabilizada e produzida em dez dias – da assinatura do contrato ao dia do espetáculo – que foi um verdadeiro sucesso de público e de patrocínio".

E sobre a "especialidade" marketing cultural, Dauelsberg transmitiu a sua visão do que seja:

> "Eu, particularmente, gosto dessa terminologia. Tudo é venda. Ou de produtos, ou de serviços, ou de imagem. Mesmo a apresentação pessoal é um aspecto de marketing.
>
> Cada etapa da vida da gente tem um pouco de marketing. É apropriado para o tempo que vivemos. Nossa atividade pede e tem que ter essa tecnicidade. Precisamos desse jargão.
>
> Precisamos de números, estatísticas para nos fortalecer. Os americanos são doutores nisto.
>
> A terminologia marketing é vaga, mas o termo 'cultura' também é vago. No fundo estamos falando de venda. Com relação à Dell'Arte, especificamente, é preciso frisar que a própria Myriam Dauelsberg (fundadora da empresa) às vezes ficava ruborizada com os termos utilizados, tais como produto e venda. Está, sim, sendo criada uma cultura.
>
> O mercado cresceu e hoje há profissionais residentes tanto na produtora como nos clientes.
>
> A cultura, cada vez mais, está se tornando uma ferramenta como a mídia eletrônica, por exemplo. Ela é mais um veículo para a consecução dos objetivos de comunicação institucional e de produtos nas empresas.
>
> Exemplo: o Free Jazz não era mais o show de fulano, sicrano ou beltrano. Era um momento na comunicação da empresa. A maturidade dos projetos culturais é o estabelecimento de uma linha clara, a continuidade e a evolução. O mercado se ampliou e se profissionalizou. Formalizou relações entre os componentes e entre os diversos níveis em que se estabelecem trocas de serviços nesse campo. Do ponto de vista do nosso mercado foi uma mudança da água para o vinho.
>
> Hoje se sabe, apesar das poucas informações estatísticas de que dispomos, que, macroeconomicamente, cada real investido em

> cultura gera muito mais empregos diretos e indiretos que a maior parte das outras atividades econômicas.
>
> Do ponto de vista das empresas, por outro lado, se criou a cultura do ganho fiscal. Primeiro a empresa visa o interesse financeiro e depois o cultural. Há empresas em que a cultura de fazer cultura já está consolidada, mas hoje há muito interesse financeiro. Temo por um retrocesso e me pergunto se hoje as leis de incentivo acabassem, o que sobraria? Talvez não tenhamos mais os mecenas atuais. Nos Estados Unidos, a cultura é tida como um bom negócio.
>
> Existem diversos graus de eficiência e retorno para os investimentos. Investir em cultura, lá, é uma decisão similar a se escolher anunciar no intervalo da novela, aqui. É um veículo de retorno assegurado.
>
> No Brasil, de certa maneira, o mercado do patrocínio involuiu, porque involuiu o impulso sadio de investimento de recursos próprios. Antes das leis havia, nas empresas, verbas orçadas para o patrocínio cultural. Agora o grande mote é o incentivo fiscal. Depois é que se vai analisar a adequação de projetos à estratégia de comunicação". [4]

Ricardo de Hollanda, jornalista com passagem pela Fundação Biblioteca Nacional, onde assessorou Affonso Romano de Sant'Anna, disse, em entrevista exclusiva:

> "É preciso menos burocracia. Menos pareceres. Depois que você faz contato com um possível patrocinador ainda corre o risco do parecerista... O movimento cultural tem que ser livre. E acho que os incentivos fiscais deveriam ser destinados apenas a produções brasileiras.
>
> Quando o artista é de fora, as grandes corporações podem bancá-lo. O dinheiro público, a meu ver, deveria ser para a cultura brasileira. Descomplicando os mecanismos de ação, tornando-os mais rápidos; eliminando-se o parecer (o que deveria haver é um documento claro que especificasse bem: 'Xuxa não é cultura para obter

4. DAUELSBERG, Steffen. Depoimento ao autor, em sequência à palestra.

incentivo'), facilitando o enquadramento dos projetos, estaríamos bem. Acho, também, fundamental que haja profissionalismo.

Não podemos ficar restritos somente a pessoas que eventualmente estejam ocupando cargos nas instituições públicas de cultura e que, imperialmente, decidam quando e a quem canalizar recursos. Ainda há muito romantismo. Eu nem diria mais amadorismo, porque ter um talento especial é uma coisa, mas desenvolver um projeto que se possa viabilizar é outra bem diferente.

É preciso um perfil técnico que desenvolva o projeto para que, só então, seja encaminhado à captação de recursos e, ao mesmo tempo, se constitua em algo gerador de comunicação. Não há como fugir. Desenvolve-se um produto. Por exemplo, a revista Rio Visual, cujo projeto dirijo, na UERJ, é a soma da inspiração de muitos artistas.

Temos o designer que vai dar ao projeto o seu formato original. Há o ilustrador, o produtor gráfico, os fotógrafos, o editor, o redator. Cada um tem sua especialidade mas o resultado é fruto de uma equipe.

Não é sempre que o produtor cultural ou o artista também podem ser produtores executivos de seu trabalho. Somos arredios mas está claro que tratamos de produtos. Nada de mais.

Estamos no mercado e o que está no mercado é produto. Bach produziu sob encomenda da Igreja, Mozart para a Corte. Tom Jobim disse que a maior inspiração era a encomenda. Noto que nos últimos dois anos houve um incremento nas questões memoriais. Isso está refletido em matérias de fundo publicadas pela imprensa.

Peças teatrais no CCBB (Centro Cultural Banco do Brasil), biografias lançadas pela indústria editorial e mesmo o cinema estão refletindo mais a nossa memória.

Não há consenso quanto a o quê fazer, muitas vezes não se segue uma linha, mesmo entre as empresa de fora. Mas todas já estão conscientizadas de que têm que trabalhar com a comunidade e a cultura é um caminho para isso.

Tirando as ações comunitárias (onde Xerox, Souza Cruz, Citibank e Unisys já marcaram espaço) os campos da música, da literatura e das artes plásticas estão recebendo apoio genérico.

Há que observar que não considero um 'Free Jazz' um projeto cultural e sim mais uma manifestação de mercado (onde até o 'funk' tem lugar).

No passado, a Souza Cruz tinha uma tradição ligada ao patrimônio, o que hoje parece ficou só com a Fundação Roberto Marinho, que joga muito com o poder da mídia das Organizações Globo.

É preciso identificar os empresários em seus nichos de interesse. Na extinta Pró-Memória, onde fui assessor de marketing da presidência, minha primeira preocupação foi com a constituição de um cadastro. Eu havia cursado a pós-graduação em marketing da Fundação Getúlio Vargas e gerenciava a atendimento a clientes na Editora JB e depois a Agência JB de Notícias, tendo contratado uma empresa especializada, a SVD (Sistemas de Vendas Diretas). Foi quando tive contato com o chamado 'Customer Services'.

O serviço a clientes é, na verdade, o ponto de apoio de qualquer estratégia de marketing. Entrei em contato com a FEBRABAN (Federação Brasileira dos Bancos), a CNI (Confederação Nacional da Indústria) e CNC (Confederação Nacional do Comércio) e consegui um mapeamento de grandes e médias empresas, com nomes de presidentes, diretores e principais contatos e todas as outras informações cadastrais.

O 'database marketing' é algo muito especial pois envolve negociação, é um trabalho de formiguinha. Temos que acabar com esse negócio de 'sair por aí com o projeto debaixo do braço' como ainda se faz. Aqui os artistas também têm empresários, mas fecham negócios de forma direta. Já o agente literário eu vejo tão claro quanto no futebol. Temos a Dell'Arte, de Myriam Dauelsberg e a Gabi Leib que, na verdade começou com Stevan Herrmann, o grande empresário da Aulus Produções. Gabi tinha artistas exclusivos, como por exemplo Inácio de Nonno. Ela pode ser considerada mais empresária e Myriam mais produtora cultural. Posso, ainda, citar a produtora Antares".[5]

Em todos esses exemplos temos ações de marketing cultural, levadas em consideração as suas diversas modalidades (vide a classificação postulada). Tais práticas são aquelas que consolidaram, no senso comum, a denominação marketing cultural:

- » a atividade rotineira do produtor artístico;
- » a atividade rotineira de divulgação de artista contratado/empresariado;
- » patrocínio avulso, desvinculado de uma diretriz ou política de ação;
- » mera comemoração de efeméride importante para a empresa;
- » permuta de interesse para a empresa e para o artista/produtor cultural (quando a permuta não for a própria política de apoio cultural, como ocorre com hotéis e companhias aéreas, por exemplo);
- » de permuta por espaços na mídia;
- » produção de brinde para presentear funcionários ou clientes (quando desvinculada de uma ação maior;
- » corretagem de espaço na mídia.

5. HOLLANDA, Ricardo de. Depoimento exclusivo ao autor.

"A arte, de fato, é o mundo outra vez, tão igual a ele quanto dele desigual".

Theodor Adorno

X. A OBRA DE ARTE: ENTENDENDO-A COMO VETOR DE CULTURA E COMUNICAÇÃO

Critica-se, com razão, o fato de que, no Brasil das últimas três décadas – tempo em que pontificaram no campo da produção artístico-cultural as leis de incentivos fiscais à cultura –, a grande maioria daquilo que se "consome" como arte, pelo menos nos grandes centros urbanos, seja-nos imposto pelos departamentos de marketing das empresas patrocinadoras – e que estas adotem apenas aquelas manifestações que "dão" mídia, brindes (livros, CDs e DVDs) e promoção institucional para suas marcas e produtos.

Tal nivelamento "por baixo" pode ser mitigado pela curiosidade autêntica, pela disposição de conhecer o que está fora do "establishment" dos modismos e da mídia "mainstream", além da leitura de obras de autores essenciais.

Por exemplo, para introduzir os conceitos de aura da obra de arte e de seu lugar – dentro ou fora da – indústria cultural, recomenda-se a leitura integral de alguns clássicos: "Obra aberta", de Umberto Eco, e "Dialética do esclarecimento"[1], de Theodor Adorno e Max Horkheimer. Some-se a estes um texto – igualmente um "clássico" – "A obra de arte no tempo de sua reprodutibilidade técnica", de Walter Benjamin.

Partindo-se do pressuposto que ninguém que de fato queira atuar no campo do marketing para as artes possa fazê-lo sem antes aprofundar seus conhecimentos sobre arte e sobre o processo cultural, é fundamental recorrer a tais textos clássicos – que, embora muitos queiram taxar de "datados" – são absolutamente indispensáveis para formar-se uma base de pensamento que permita abordar iniciativas, projetos, programas e planos, sejam de origem estatal ou privada, de forma adequada, sem ferir parâmetros universais da coisa artística e do fazer artístico, para muito além da mera eficiência mercadológica e promocional em que

1. Dialektik der Aufklärung - Philosophische Fragmente, de 1944, publicada em 1947, na tradução de Guido Antonio de Almeida, em sua segunda edição brasileira (Jorge Zahar Editor) - de 1986 - p. 113-156.

o marketing cultural – dominado por empresas anunciantes e suas agências de propaganda – incorreu, perdendo-se como guia útil ao uso pelo artista, criador individual ou grupo artístico.

É claro que esses pensadores já foram devidamente "deglutidos" e, na melhor tradução antropofágica, "reprocessados" por autores contemporâneos que produzem pensamento e reflexão neste vigésimo-primeiro século, tais como Barbero, Canclini e Habermas, entre outros. É, contudo, insubstituível – sobretudo no caso do Brasil, ainda na pré-história da legislação que abarca a comunicação e a preservação/difusão da cultura, bem como os direitos culturais (tanto de artistas quanto dos "consumidores" das obras artísticas), o que nivela-nos com as dúvidas e os medos do chamado "primeiro mundo" de setenta anos atrás – conhecer o pensamento original dos pioneiros que discutiram a acachapante influência dos meios de comunicação e das novas tecnologias sobre a arte, a cultura e a forma de fruir e pensar de metade da população planetária (a outra metade, infelizmente, está simplesmente excluída desse processo pela sua situação de extrema pobreza, carência e impossibilidade de acesso).

Com este objetivo foi preparada – a título de revisão de literatura – uma colagem de trechos de textos capitais sobre arte e indústria cultural daqueles pensadores essenciais em um formato deliberadamente editado, como num "quiz" ("set" de perguntas-e-respostas), mantendo a integridade dos pensamentos oferecidos por aqueles que são, de fato, os "pais" da matéria.

Este artifício parece pertinente para dar conta de uma revisão bibliográfica mínima necessária a este trabalho, além de instigar o leitor a buscar, posteriormente, movido por sua própria curiosidade, mais sobre os autores fundamentais e as obras mesmas, na fonte, o que tem sido um árduo labor no meio acadêmico, posto que a mera sugestão de leitura das obras tem gerado frustração geral entre estudantes e professores por diversas dificuldades: o esgotamento das edições (a indústria editorial – foco, aliás, do próprio tema "marketing para as artes" – dá preferência a novos títulos e autores que pouco mais fazem além de repetir o já conhecido), o alto custo dos livros no Brasil e, finalmente, a correta proibição das cópias ilegais (há, infelizmente, escolas com mais espaço reservado a setores de reprografia do que a bibliotecas).

"O que é indústria cultural?" é o capítulo escolhido na obra "Dialética do esclarecimento". As "respostas" ao "quiz"[2] de dez perguntas a seguir são constituídas de trechos textuais de Theodor Adorno e Max Horkheimer extraídos daquele capítulo, os quais estão assinalados – sem distinção entre os coautores – com a letra (a); trechos textuais de Umberto Eco[3], os quais estão marcado com a letra (b), e – finalmente – os de Walter Benjamin[4], marcados com a letra (c).

PERGUNTA 1

Como e por que surge o conceito de indústria cultural?

Respostas:

– "O cinema, o rádio e as revistas constituem um sistema. Cada setor é coerente em si mesmo e todos o são em conjunto. A cultura contemporânea confere a tudo um ar de semelhança". (a)

– "Até mesmo as manifestações estéticas de tendências políticas opostas entoam o mesmo louvor do ritmo de aço. Os decorativos prédios administrativos e os centros de exposição industriais mal se distinguem". (a)

PERGUNTA 2

Este é um processo irreversível?

Respostas:

– "Sob o poder do monopólio, toda cultura de massas é idêntica, e seu esqueleto, a ossatura conceitual fabricada por aquele, começa a se delinear. Abandonamos a expressão cultura de massas para substituí-la por indústria cultural, a fim de excluir de antemão a interpretação que agrada aos advogados da coisa; estes pretendem, com efeito, que se trata de algo como uma cultura surgindo espontaneamente das próprias massas, em suma, de forma contemporânea da arte popular. Ora, dessa arte

2. Publicado na seção "Teoria" da publicação eletrônica "Textual" do website "Marketing & Cultura: comunhão de bens" (segundo semestre de 2005). Compilação: MACHADO NETO, Manoel Marcondes.
3. "Obra aberta" (Editora Perspectiva, 1971 - 284 p.), na tradução de Giovanni Cutolo.
4. Do artigo de autoria de Walter Benjamim "A obra de arte na época de sua reprodutibilidade técnica" (Editora Paz e Terra, 1990 - p. 209-240), na tradução de Carlos Nelson Coutinho.

a indústria cultural de distingue radicalmente. A indústria cultural é a integração deliberada, a partir do alto, de seus consumidores". (a)

– "Os edifícios monumentais e luminosos que se elevam por toda parte são os sinais exteriores do engenhoso planejamento das corporações internacionais. Os prédios mais antigos em torno dos centros urbanos feitos de concreto já parecem favelas, mas os projetos de urbanização que, em pequenos apartamentos higiênicos, destinam-se a perpetuar o indivíduo como se ele fosse independente, submetem-no ainda mais profundamente a seu adversário, o poder absoluto do capital". (a)

PERGUNTA 3

Não há aí um pessimismo?

Respostas:

– "A racionalidade técnica hoje é a racionalidade da própria dominação. Ela é o caráter compulsivo da sociedade alienada de si mesma. Os automóveis, as bombas e o cinema mantêm coeso o todo e chega o momento em que seu elemento nivelador mostra sua força na própria injustiça à qual servia. Por enquanto a técnica da indústria cultural levou apenas à padronização e à produção em série, sacrificando o que fazia a diferença entre a lógica da obra e a do sistema social. A passagem do telefone ao rádio separou claramente os papéis. Liberal, o telefone permitia que os participantes ainda desempenhassem o papel do sujeito. Democrático, o rádio transforma-os a todos igualmente em ouvintes, para entregá-los autoritariamente aos programas, iguais uns aos outros, das diferentes estações". (a)

– "Os dirigentes não estão mais sequer muito interessados em encobri-lo, seu poder se fortalece quanto mais brutalmente ele se confessa em público. O cinema e o rádio não precisam mais se apresentar como arte. A verdade de que não passam de um negócio, eles a utilizam como uma ideologia destinada a legitimar o lixo que propositalmente produzem. Eles se definem a si mesmos como indústrias, e as cifras publicadas dos rendimentos de seus diretores gerais suprimem toda dúvida quanto à necessidade social de seus produtos. Todo traço de espontaneidade do público é dirigido e absorvido, numa seleção profissional, por caçadores de talentos, competições diante do microfone e toda espécie de programas patrocinados. Os talentos já pertencem à indústria muito antes de serem apresentados por ela: de outro modo não se integrariam tão fervorosamente. A atitude do público que, pretensamente e de fato, favorece o sistema da indústria cultural é uma parte do sistema, não sua desculpa". (a)

PERGUNTA 4

A indústria cultural, de fato, já não se insere no portfolio dos grandes grupos controladores de capital de investimento?

Respostas:

– "Se, em nossa época, a tendência social objetiva se encarna nas obscuras intenções subjetivas dos diretores gerais, estas são basicamente as dos setores mais poderosos da indústria: aço, petróleo, eletricidade, química. Comparados a esses, os monopólios culturais são fracos e dependentes. A dependência em que se encontra a mais poderosa sociedade radiofônica em face da indústria elétrica, ou a do cinema relativamente aos bancos, caracteriza a esfera inteira, cujos setores individuais por sua vez se interpenetram numa confusa trama econômica. Tudo está tão estreitamente justaposto que a concentração do espírito atinge um volume tal que permite passar por cima da linha de demarcação entre as diferentes firmas e setores técnicos. A unidade implacável da indústria cultural atesta a unidade em formação da política". (a)

– "Quando um ramo artístico segue a mesma receita usada por outro muito afastado dele quanto aos recursos e ao conteúdo; quando, finalmente, os conflitos dramáticos das novelas radiofônicas tornam-se o exemplo pedagógico para a solução de dificuldades técnicas, que à maneira do 'jam', são dominadas do mesmo modo que nos pontos culminantes da vida jazzística; ou quando a "adaptação" deturpadora de um movimento de Beethoven se efetua do mesmo modo que a adaptação de um romance de Tolstoi pelo cinema, o recurso aos desejos espontâneos do público torna-se uma desculpa esfarrapada. Uma explicação que se aproxima mais da realidade é a explicação a partir do peso específico do aparelho técnico e do pessoal, que devem todavia ser compreendidos, em seus menores detalhes, como partes do mecanismo econômico de seleção. Acresce a isso o acordo, ou pelo menos a determinação comum dos poderosos executivos, de nada produzir ou deixar passar que não corresponda a sua tabelas, a ideia que fazem dos consumidores e, sobretudo, que não se assemelha a eles próprios". (a)

PERGUNTA 5

Há "produtos" para todos os gostos nessa indústria?

Respostas:

– "As produções do espírito no estilo da indústria cultural não são mais também mercadorias, mas o são integralmente ... a indústria cultural se transforma em 'public relations', a saber, a fabricação de um simples 'goodwill', sem relação com os produtores ou objetos de venda particulares. Vai-se procurar o cliente para lhe vender um consentimento total e não crítico, faz-se reclame para o mundo, assim como cada produto da indústria cultural é seu próprio reclame". (a)

– "O esquematismo do procedimento mostra-se no fato de que os produtos mecanicamente diferenciados acabam por se revelar sempre como a mesma coisa. A diferença entre a série Chrysler e a série General Motors é no fundo uma distinção ilusória, como já sabe toda criança interessada em modelos de automóveis. As vantagens e desvantagens que os conhecedores discutem servem apenas para perpetuar a ilusão da concorrência e da possibilidade de escolha. O mesmo se passa com as produções da Warner Brothers e da Metro-Goldwyn-Mayer. Até mesmo as diferenças entre os modelos mais caros e mais baratos da mesma firma se reduzem cada vez mais: nos automóveis elas se reduzem ao número de cilindros, capacidade, novidade dos 'gadgets', nos filmes ao número de estrelas, à exuberância da técnica, do trabalho e do equipamento, e ao emprego de fórmulas psicológicas mais recentes. O critério unitário de valor consiste na dosagem da 'conspicuous production', do investimento ostensivo. Os valores orçamentários da indústria cultural nada têm a ver com os valores objetivos, com o sentido dos produtos. Os próprios meios técnicos tendem cada vez mais a se uniformizar. A televisão visa uma síntese do rádio e do cinema, que é retardada enquanto os interessados não se põem de acordo, mas cujas possibilidades ilimitadas prometem aumentar o empobrecimento dos materiais estéticos a tal ponto que a identidade mal disfarçada dos produtos da indústria cultural pode vir a triunfar abertamente já amanhã – numa realização escarninha do sonho wagneriano da obra de arte total". (a)

– "As distinções enfáticas que se fazem entre os filmes das categorias A e B, ou entre as histórias publicadas em revistas de diferentes preços, têm menos a ver com seu conteúdo do que com sua utilidade para a classificação, organização e computação estatística dos consumidores. Para todos algo está previsto; para que ninguém escape, as distinções são acentuadas e difundidas. O fornecimento ao público de uma hierarquia de qualidades serve apenas para uma quantificação ainda mais completa. Cada qual deve se comportar, como que espontaneamente, em conformidade com seu 'level', previamente caracterizado por certos sinais, e escolher a categoria dos produtos de massa fabricada para seu tipo. Reduzidos a um simples material estatístico, os consumidores são distribuídos nos mapas dos institutos de pesquisa (que não se distinguem mais dos de propaganda) em grupos de rendimentos assinalados por zonas vermelhas, verdes e azuis". (a)

PERGUNTA 6

O consumidor é fator de produção até nos seus momentos de lazer?

Respostas:

– "Em seu lazer, as pessoas devem se orientar por essa unidade que caracteriza a produção. A função que o esquematismo kantiano ainda atribuía ao sujeito, a saber, referir de antemão a multiplicidade sensível aos conceitos fundamentais, é tomada ao sujeito pela indústria. O esquematismo é o primeiro serviço prestado por ela ao cliente". (a)

– "Esse processo de elaboração integra todos os elementos da produção, desde a concepção do romance (que já tinha um olho voltado para o cinema) até o último efeito sonoro. Ele é o triunfo do capital investido. Gravar sua onipotência no coração dos esbulhados que se tornaram candidatos a 'jobs' como a onipotência de seu senhor, eis aí o que constitui o sentido de todos os filmes, não importa o 'plot' escolhido em cada caso pela direção de produção". (a)

PERGUNTA 7

E como fica a arte nesse contexto?

Respostas:

– "A obra de arte é uma mensagem fundamentalmente ambígua, uma pluralidade de significados que coexistem num único significante. Esta ambiguidade torna-se hoje um fim explícito da obra, um valor a realizar de preferência a qualquer outro... toda obra de arte, mesmo enquanto forma acabada e 'fechada', em sua perfeição de organismo exatamente calibrado, é aberta, pode ser interpretada de diferentes maneiras sem que sua irredutível singularidade seja alterada". (b)

– "Na época da reprodutibilidade técnica, o que é atingido na obra de arte é a sua 'aura'. Este processo tem valor de sintoma; sua significação ultrapassa o domínio da arte... multiplicando-lhe os exemplares, elas (as técnicas de reprodução) substituem por um fenômeno de massa um evento que não se produziu senão uma vez . . . seu mais eficaz agente é o filme". (c)

– "A indústria cultural força a união dos domínios, separados há milênios, da arte superior e da arte inferior. Com prejuízo de ambos. A arte superior se vê frustrada de sua seriedade pela especulação sobre o efeito; a inferior perde, através de sua domesticação civilizadora, o elemento de natureza resistente e rude, que lhe era inerente. Na medida em que a indústria cultural inegavelmente especula sobre o estado de consciência e inconsciência de milhões de pessoas às quais ela se dirige, as massas não são o fator primeiro, mas um elemento secundário, um elemento de cálculo; acessório da maquinaria. O consumidor não é rei, como a indústria cultural gostaria de fazer crer, ele não é o sujeito dessa indústria, mas seu objeto. As massas não são a medida, mas a ideologia da indústria cultural, ainda que esta última não possa existir sem a elas se adaptar.

As mercadorias culturais da indústria se orientam segundo o princípio de sua comercialização e não segundo seu próprio conteúdo e sua figuração adequada. Toda a 'praxis' da indústria cultural transfere, sem mais, a motivação do lucro às criações espirituais. A autonomia das obras de arte, que, é verdade, quase nunca existiu de forma pura e que sempre foi marcada por conexões de efeito, vê-se no limite abolida pela indústria cultural. As produções do espírito no estilo da indústria cultural não são mais também mercadorias, mas o são integralmente". (a)

– "Para o consumidor, não há nada mais a classificar que não tenha sido antecipado no esquematismo da produção. Tudo vem da consciência, na arte para as massas, das equipes de produção. Não somente os tipos das canções de sucesso, os astros, as novelas ressurgem ciclicamente como invariantes fixos, mas o conteúdo específico do espetáculo é ele próprio derivado deles e só varia na aparência. Os detalhes tornam-se fungíveis. A breve sequência de intervalos, fácil de memorizar, como mostrou a canção de sucesso; o fracasso temporário do herói, que ele sabe suportar como 'good sportist' que é; a boa palmada que a namorada recebe da mão forte do astro; sua rude reserva em face da herdeira mimada são, como todos os detalhes, clichês prontos para serem empregados arbitrariamente aqui e ali e completamente definidos pela finalidade que lhes cabe no esquema. Desde o começo do filme já se sabe como ele termina, quem é recompensado, e, ao escutar a música ligeira, o ouvido treinado é perfeitamente capaz, desde os primeiros compassos, de adivinhar o desenvolvimento do tema e sente-se feliz quando ele tem lugar como previsto. O número médio de palavras da 'short story' é algo em que não se pode mexer. Até mesmo as gags, efeitos e piadas são calculados, assim como o quadro em que se inserem. Sua produção é administrada por especialistas, e sua pequena diversidade permite reparti-las facilmente no escritório. A indústria cultural desenvolveu-se com o predomínio que o efeito, a performance tangível e o detalhe técnico alcançaram sobre a obra, que era outrora o veículo da Ideia e com essa foi liquidada". (a)

– "Não se deve tomar literalmente o termo 'indústria'. Ele diz respeito à estandardização da própria coisa – por exemplo, tal como o western conhecido por todo frequentador de cinema – e à racionalização das técnicas de distribuição, mas não se refere estritamente ao processo de produção. A indústria cultural mantém-se 'a serviço' de terceiras pessoas, e mantém sua afinidade com o superado processo de circulação de capital, que é o comércio, no qual tem origem. Essa ideologia apela sobretudo para o sistema das 'vedetes', emprestado da arte individualista e da sua exploração comercial. Quanto mais desumanizada sua ação e seu conteúdo, mais ativa e bem sucedida é a sua propaganda de personalidades supostamente grandes e o seu recurso ao tom meloso. Ela é industrial mais no sentido da assimilação às formas industriais de organização do trabalho nos escritórios, de preferência a uma produção verdadeiramente racionalizada do ponto de vista tecnológico. É por essa razão que os investimentos inadequados da indústria cultural são tão numerosos e precipitam os seus setores, constantemente ultrapassados por novas técnicas, nas crises, que raramente conduzem a algo melhor. Por outro lado, quando se trata de resguardar-se da crítica, os promotores da indústria cultural comprazem-se em alegar que o que eles fornecem não é arte, mas indústria". (a)

– "O mundo inteiro é forçado a passar pelo filtro da indústria cultural. A velha experiência do espectador de cinema, que percebe a rua como um prolongamento do filme que acabou de ver, porque este pretende ele próprio reproduzir rigorosamente o mundo da percepção quotidiana, tornou-se a norma da produção. Quanto maior a perfeição com que suas técnicas duplicam os objetos empíricos, mais fácil se torna hoje obter a ilusão de que o mundo exterior é o prolongamento sem ruptura do mundo que se descobre no filme. Desde a súbita introdução do filme sonoro, a reprodução mecânica pôs-se ao inteiro serviço desse projeto. A vida não deve mais, tendencialmente, deixar-se distinguir do filme sonoro". (a)

PERGUNTA 8

Quer dizer que não dá para escapar desse "moedor de carne"?

Respostas:

– "A violência da sociedade industrial instalou-se nos homens de uma vez por todas. Os produtos da indústria cultural podem ter a certeza de que até mesmo os distraídos vão consumi-los alertamente. Cada qual é um modelo da gigantesca maquinaria econômica que, desde o início, não dá folga a ninguém, tanto no trabalho quanto no descanso, que tanto se assemelha ao trabalho". (a)

– "Ao subordinar da mesma maneira todos os setores da produção espiritual a este fim único: ocupar os sentidos dos homens da saída da fábrica, à noitinha, até a chegada ao relógio do ponto, na manhã seguinte, com o selo da tarefa de que devem se ocupar durante o dia, essa subsunção realiza ironicamente o conceito da cultura unitária que os filósofos da personalidade opunham à massificação. A indústria cultural tem o seu suporte ideológico no fato de que ela se exime cuidadosamente de tirar todas as consequências de suas técnicas em seus produtos. Ela vive, em certo sentido, como parasita, sem se preocupar com a determinação que a objetividade dessas técnicas implica para a forma intra-artística, mas também sem respeitar a lei formal da autonomia estética. Daí resulta a mistura, tão essencial para a fisionomia da indústria cultural, de 'streamlining', de precisão e de nitidez fotográfica de um lado, e de resíduos individualistas, de atmosfera, de romantismo forjado e já racionalizado, de outro. Se tomarmos a determinação feita por Walter Benjamim da obra de arte tradicional através da aura, pela presença de um não-presente, então a indústria cultural se define pelo fato de que ela não opõe outra coisa de maneira clara a essa aura, mas que ela se serve dessa aura em estado de decomposição como um círculo de névoa. Assim ela própria se convence imediatamente pela sua monstruosidade ideológica". (a)

PERGUNTA 9

A indústria cultural não acaba por caracterizar-se mero "entertainment"?

Respostas:

– "O entretenimento e os elementos da indústria cultural já existiam muito tempo antes dela. A indústria cultural pode se ufanar de ter levado a cabo com energia e de ter erigido em princípio a transferência muitas vezes desajeitada da arte para a esfera do consumo, de ter despido a diversão de sua ingenuidade inoportuna e de ter aperfeiçoado o feitio das mercadorias. Sua vitória é dupla: a verdade, que ela extingue lá fora, dentro ela pode reproduzir a seu bel-prazer como mentira. A arte "leve" como tal, a diversão, não é uma forma decadente. Quem a lastima como traição do ideal da expressão pura está alimentando ilusões sobre a sociedade. A arte séria recusou-se àqueles para quem as necessidades e a pressão da vida fizeram da sociedade um escárnio e que têm todos os motivos para ficarem contentes quando podem usar como simples passatempo o tempo que não passam junto às máquinas. A arte leve acompanhou a arte autônoma como uma sombra. A pior maneira de reconciliar essa antítese é absorver a arte leve na arte séria ou vice-versa. Mas é isto que tenta a indústria cultural". (a)

– "Assim a indústria cultural, o mais inflexível de todos os estilos, revela-se justamente como a meta do liberalismo, ao qual se censura a falta de estilo. Não somente suas categorias e conteúdos são provenientes da esfera liberal, tanto do naturalismo domesticado quanto da opereta e da revista: as modernas companhias culturais são o lugar econômico onde ainda sobrevive, juntamente com os correspondentes tipos de empresários, uma parte da esfera de circulação já em processo de desagregação. Aí ainda é possível fazer fortuna, desde que não se seja demasiado inflexível e se mostre que é uma pessoa com quem se pode conversar. Quem resiste só pode sobreviver integrando-se. Uma vez registrado em sua diferença pela indústria cultural, ele passa a pertencer a ela assim como o participante da reforma agrária ao capitalismo. Não é à toa que o sistema da indústria cultural provém dos países industriais liberais, e é neles que triunfam todos os seus meios característicos, sobretudo o cinema, o rádio, o jazz e as revistas. É verdade que seu projeto teve origem nas leis universais do capital. Formas fixas como o 'sketch', a história curta, o filme de tese, o êxito de bilheteria são a média, orientada normativamente e imposta ameaçadoramente, do gosto característico do liberalismo avançado. Os diretores das agências culturais – que estão numa harmonia como só os managers sabem criar, não importa se provêm da indústria de confecções ou de um 'college' – há muito sanaram e racionalizaram o espírito objetivo. Tudo se passa como se uma instância onipresente houvesse examinado o material e estabelecido o catálogo oficial dos bens culturais, registrando de maneira clara e concisa as séries disponíveis". (a)

– "Os filmes policiais e de aventuras não mais permitem ao espectador de hoje assistir à marcha do esclarecimento. Mesmo nas produções do gênero destituídas de ironia, ele tem que se contentar com os sustos proporcionados por situações precariamente interligadas. Os filmes de animação eram outrora expoentes da fantasia contra o racionalismo. Eles faziam justiça aos animais e coisas eletrizados por sua técnica, dando aos mutilados uma segunda vida. Hoje apenas confirmam a vitória da razão tecnológica sobre a verdade. As primeiras sequências do filme de animação ainda esboçam uma ação temática, destinada, porém, a ser demolida no curso do filme: sob a gritaria do público, o protagonista é jogado para cá e para lá como um farrapo. Assim a quantidade de diversão organizada converte-se na qualidade da crueldade organizada. Os autodesignados censores da indústria cinematográfica, ligados a ela por uma afinidade eletiva, vigiam a duração do crime a que se dá a dimensão de uma caçada. Assim como o Pato Donald nos 'cartoons', assim também os desgraçados na vida real recebem a sua sova para que os espectadores possam se acostumar com a que eles próprios recebem. O prazer com a violência infligida ao personagem transforma-se em violência contra o espectador, a diversão em esforço. Ao olho cansado do espectador nada deve escapar daquilo que os especialistas excogitaram como estímulo; ninguém tem o direito de se mostrar estúpido diante da esperteza do espetáculo; é preciso acompanhar tudo e reagir com aquela presteza que o espetáculo exige e propaga". (a)

– "A indústria cultural permanece a indústria da diversão. Seu controle sobre os consumidores é mediado pela diversão. A grande reorganização do cinema pouco antes da Primeira Guerra Mundial – condição material de sua expansão – consistiu exatamente na adaptação consciente às necessidades do público registradas com base nas bilheterias, necessidades essas que as pessoas mal acreditavam ter que levar em conta na época pioneira do cinema. Ainda hoje pensam assim os capitães da indústria cinematográfica – que, no entanto, se baseiam no exemplo dos sucessos mais ou menos fenomenais, e não, com muita sabedoria, no contra-exemplo da verdade. Sua ideologia é o negócio. A diversão é o prolongamento do trabalho sob o capitalismo tardio. Ao processo de trabalho na fábrica e no escritório só se pode escapar adaptando-se a ele durante o ócio. Eis aí a doença incurável de toda diversão. O prazer acaba por se congelar no aborrecimento, porquanto, para continuar a ser um prazer, não deve mais exigir esforço e, por isso, tem de se mover rigorosamente nos trilhos gastos das associações habituais. O espectador não deve ter necessidade de nenhum pensamento próprio, o produto prescreve toda reação: não por sua estrutura temática – que desmorona na medida em que exige o pensamento – mas através de sinais. Toda ligação lógica que pressuponha um esforço intelectual é escrupulosamente evitada. Os desenvolvimentos devem resultar tanto quanto possível da situação imediatamente anterior, e não da Ideia do todo. Não há enredo que resista ao zelo com que os roteiristas se empenham em tirar de cada cena tudo o que se pode depreender dela. Uma surpresa estupidamente arquitetada irrompe na ação fílmica. A tendência do produto a recorrer malignamente ao puro absurdo – um ingrediente legítimo da arte popular, da farsa e da bufonaria desde os primórdios até Chaplin e os irmãos Marx – aparece da maneira mais evidente nos gêneros menos pretensiosos". (a)

PERGUNTA 10

O cinema industrial, então, chega a ser um criador de realidade, substituindo-a?

Respostas:

– "Diferentemente do que ocorre na literatura ou na pintura, a técnica de reprodução não representa, para o filme, uma simples condição exterior que permitirá sua difusão em massa; sua técnica de produção funda diretamente sua técnica de reprodução. Ela não permite apenas, de modo mais imediato, a difusão em massa do filme: exige-a. Os custos de produção são tão elevados que, se ainda é possível a um indivíduo, por exemplo, comprar um quadro, não lhe é possível comprar um filme. Cálculos revelaram que, em 1927, a amortização de um grande filme exigia sua apresentação a nove milhões de espectadores". (c)

– "A obscuridade do cinema oferece à dona-de-casa, apesar dos filmes destinados a integrá-la, um refúgio onde ela pode passar algumas horas sem controle, assim como outrora, quando ainda havia lares e folgas vespertinas, ela podia se por à janela para ficar olhando a rua. Os desocupados dos grandes centros encontram o frio no verão e o calor no inverno nos locais climatizados. Fora isso, mesmo pelo critério da ordem existente essa aparelhagem inflada do prazer não torna a vida mais humana". (a)

– "A indústria cultural não cessa de lograr seus consumidores quanto àquilo que está continuamente a lhes prometer. A promissória sobre o prazer, emitida pelo enredo e pela encenação, é prorrogada indefinidamente: maldosamente, a promessa a qual afinal se reduz o espetáculo significa que jamais chegaremos à coisa mesma, que o convidado deve se contentar com a leitura do cardápio. A indústria cultural não sublima, mas reprime. Expondo repetidamente o objeto do desejo, o busto no suéter e o torso nu do herói esportivo, ela apenas excita o prazer preliminar não sublimado que o hábito da renúncia há muito mutilou e reduziu a masoquismo. Não há nenhuma situação erótica que não junte à alusão e à excitação a indicação precisa de que jamais se deve chegar a esse ponto. O astro do cinema de quem as mulheres devem se enamorar é de antemão, em sua ubiquidade, sua própria cópia. Toda voz de tenor acaba por soar como um disco de Caruso, e os rostos das moças texanas já se assemelham em sua espontaneidade natural aos modelos que fizeram sucesso, seguindo os padrões de Hollywood". (a)

– "Rimos do fato de que não há nada de que se rir. O riso, tanto o riso da reconciliação quanto o riso de terror, acompanha sempre o instante em que o medo passa. Ele indica a liberação, seja do perigo físico, seja das garras da lógica. 'Fun' é um banho medicinal, que a indústria do prazer prescreve incessantemente. O riso torna-se nela o meio fraudulento de ludibriar a felicidade. Cada espetáculo da indústria cultural vem mais uma vez aplicar e demonstrar de maneira inequívoca a renúncia permanente que a civilização impõe às pessoas. Oferecer-lhes algo e ao mesmo tempo privá-las disso é a mesma coisa. É isso o que proporciona a indústria do erotismo. É justamente porque nunca deve ter lugar, que tudo gira em torno do coito". (a)

"A arte não reproduz o invisível, tona visível".

Paul Klee

XI. MAIS ALGUMA LITERATURA SOBRE MECENATO

Remetendo à Lei Sarney, de 1986, quando o termo "mecenato" entrou para ficar na nomenclatura de categorias de patrocínio incentivado, constata-se um equívoco fundamental. Um "mecenato" não implica, absolutamente, em promoção "pessoal" do "mecenas".

> "Historicamente, a expressão remete ao final da era antes de Cristo. Mecenas, ministro e fonte de inspiração de Caio Júlio Augusto, imperador de Roma, estrategista de talentos múltiplos, é o responsável por uma política inédita de relacionamento entre governo e sociedade dentro do império. Para Mecenas, as questões do poder e da cultura são indissociáveis e cabe ao governo a proteção às diversas manifestações da arte. Na equação de trocas, cabe às artes um papel no âmbito deste poder. Mecenas entende que o poder necessita cercar-se da criação artística e do pensamento, na busca de sua legitimidade. Através de sua influência e prestígio junto aos cidadãos, os eruditos emprestam credibilidade, ao mesmo tempo em que disseminam a política imperial. Nesse cenário, a Itália desempenha um papel privilegiado, e o desenvolvimento arquitetônico de inúmeras cidades, como Florença, tem, no mecenato, sua causa principal".[1]

Da responsabilidade do Estado – constitucionalmente responsável principal pela difusão da cultura. Segundo o próprio texto da Constituição Federal da República Federativa do Brasil, promulgada a 5 de outubro de 1988 e que consigna em seu TÍTULO VIII – Da Ordem Social, Capítulo III – Da Educação, da Cultura e do Desporto, Seção II – da Cultura, tem-se:

> "**Artigo 215** - O Estado garantirá a todos o pleno exercício dos direitos culturais e acesso às fontes da cultura nacional, e apoiará e incentivará a valorização e a difusão das manifestações culturais.
>
> Parágrafo 1º - O Estado protegerá as manifestações das culturas populares, indígenas e afro-brasileiras, e das de outros grupos participantes do processo civilizatório nacional.

1. LISBOA, Simone Marília. Razão e paixão dos mercados. Belo Horizonte, Editora C/Arte. 1999. P. 21-22.

Parágrafo 2º - A lei disporá sobre a fixação de datas comemorativas de alta significação para os diferentes segmentos étnicos nacionais.

Parágrafo 3º - A lei estabelecerá o Plano Nacional de Cultura, de duração plurianual, visando ao desenvolvimento cultural do País e à integração das ações do poder público que conduzem à:

I - defesa e valorização do patrimônio cultural brasileiro;

II - produção, promoção e difusão de bens culturais;

III - formação de pessoal qualificado para a gestão da cultura em suas múltiplas dimensões;

IV - democratização do acesso aos bens de cultura;

V - valorização da diversidade étnica e regional.

Artigo 216 - Constituem patrimônio cultural brasileiro os bens de natureza material e imaterial, tomados individualmente ou em conjunto, portadores de referência à identidade, à ação, à memória dos diferentes grupos formadores da sociedade brasileira, nos quais se incluem:

I – as formas de expressão;

II – os modos de criar, fazer e viver;

III – as criações científicas, artísticas e tecnológicas;

IV – as obras, objetos, documentos, edificações e demais espaços destinados às manifestações artístico-culturais;

V– os conjuntos urbanos e sítios de valor histórico, paisagístico, artístico, arqueológico, paleontológico, ecológico e científico.

Parágrafo 1º - O poder público, com a colaboração da comunidade, promoverá e protegerá o patrimônio cultural brasileiro, por meio de inventários, registros, vigilância, tombamento e desapropriação, e de outras formas de acautelamento e preservação.

Parágrafo 2º - Cabem à administração pública, na forma da lei, a gestão da documentação governamental e as providências para franquear sua consulta a quantos dela necessitem.

> Parágrafo 3º - A lei estabelecerá incentivos para a produção e o conhecimento de bens e valores culturais. (Incluído pela Emenda Constitucional nº 48, de 2005).
>
> Parágrafo 4º - Os danos e ameaças ao patrimônio cultural serão punidos na forma da lei.
>
> Parágrafo 5º - Ficam tombados todos os documentos e os sítios detentores de reminiscências históricas de antigos quilombos."[2]

José Mindlin (1914 - 2010), duas vezes secretário do estado de São Paulo, administrador de várias empresas e instituições, bibliófilo respeitado recém-eleito para a Academia Brasileira de Letras, já afirmava em artigo de 1992:

> "Hoje, o desenvolvimento das empresas, o crescimento do país, e a administração profissional, que vêm se tornando a regra, modificaram significativamente o ambiente brasileiro.
>
> Apesar das falhas de nosso sistema educacional, há muito mais instrução, muito mais consciência social, e um número cada vez maior de empresários tem a convicção de que a empresa não é um fim em si mesma e sim um instrumento de desenvolvimento social. Nesse contexto é que devemos, creio eu, examinar o tema Empresa e Cultura.
>
> Talvez já esteja surgindo entre os leitores uma primeira objeção: se a situação realmente se modificou, se os empresários de hoje não veem na empresa o objetivo maior, ou exclusivo, de suas vidas e têm interesses diversificados, sociais ou culturais, qual a razão do preconceito?
>
> A resposta é simples: existe grande diversidade de empresários e creio que, cada vez menos, ainda não vivem na modernidade. Além disso, o preconceito não é só deles, mas também da assim chamada comunidade intelectual.

2. Constituição da República Federativa do Brasil. Promulgada em 05/10/1988. São Paulo, Editora Saraiva. 1999. P. 119-120.

> Isto se pode ver com muita clareza no campo das relações entre Universidade e Empresa.
>
> Sempre se ouve a afirmação de que esse relacionamento é um imperativo, e de que o estreitamento de contato entre esses dois segmentos de nossa sociedade é absolutamente essencial ao progresso do país.
>
> Mas isso é o que se fala. E o que se fala corresponde à realidade? Creio que todos, pensando bem, concordarão comigo que a realidade é bem diferente.
>
> É comum ouvir-se no ambiente acadêmico que os empresários, de um modo geral, são simples ganhadores de dinheiro, sem uma autêntica preocupação social. E no ambiente empresarial não é incomum ouvir-se, quando falam de docentes ou pesquisadores universitários, que são uns poetas, vivem no mundo da lua – isto no século XXI pode, aliás, vir a ser literalmente verdade – e ignoram as realidades em que se debatem os que vivem no mundo dos negócios.
>
> Ora, se há casos de egoísmo de um lado, e de sonho acordado do outro, isto está longe de ser a regra.
>
> Nem uma coisa nem outra corresponde à verdade. O que falta é um melhor conhecimento recíproco." [3]

Esse tipo de postura que, felizmente, vem se reforçando no empresariado brasileiro, dá conta, não só da aproximação entre os fatos da cultura e as necessidades de negócios, como também confirma a necessidade de se trazer para o âmbito acadêmico a própria análise dessa relação. É o caso das práticas de marketing cultural.

Philip Kotler, em sua obra Marketing para organizações que não visam o lucro, demonstrou a aplicabilidade dos fundamentos do marketing a preocupações transcendentes ao mero consumo de produtos e serviços. "O termo 'marketing social' apareceu pela primeira vez em 1971, para descrever o uso de princípios e técnicas de marketing para a promoção

3. ECONOMIA & CULTURA - Revista de intercâmbio franco-brasileiro. São Paulo. Câmara de Comércio França-Brasil. N. 3 abr-jun 1992. P. 84-85.

de uma causa, ideia ou comportamento social"[4]. Foi num artigo publicado por Philip Kotler e Gerald Zaltman na edição de junho daquele ano no Journal of Marketing. Em momentos diferentes, Kotler definiu marketing: em 1967, "o marketing é uma atividade humana dirigida a satisfazer necessidades e desejos através do processo de trocas"[5]; em 1975, "as organizações que não visam a lucro defrontam-se com uma infinidade de problemas que seriam analisados como simples problemas de marketing, se estivessem no setor que visa a lucro"[6]; em 1989, "marketing social é uma estratégia de mudança do comportamento"[7]; em 1994, "marketing é um processo social e gerencial pelo qual indivíduos e grupos obtêm o que necessitam e desejam através da criação, oferta e troca de produtos de valor com outros"[8] e em 1999, "marketing é a ciência e a arte de conquistar e manter clientes e desenvolver relacionamentos lucrativos com eles"[9], que se complementa assim: "hoje em dia, o marketing está se tornando mais uma batalha pela propriedade da informação que pela propriedade de outros recursos"[10], numa clara evolução do conceito de marketing, nascido neste século sob a égide da produção industrial em larga escala, nos departamentos comerciais das empresas, e sob o bordão: "vender, vender e vender".

XI.1 - O conceito de cultura

> "Começando como nome de um processo – cultura (cultivo) de vegetais ou (criação e reprodução) de animais e, por extensão, cultura (cultivo ativo) da mente humana – ele se tornou, em fins do século XVIII, particularmente no alemão e no inglês, um nome para

4. KOTLER, P. e ROBERTO, E. Marketing social. Estratégias para alterar o comportamento público. Rio de Janeiro, Editora Campus. 1992. P. 25.
5. KOTLER, Philip. Marketing. São Paulo, Editora Atlas. 1980. P. 31.
6. KOTLER, Philip. Marketing para organizações que não visam o lucro. São Paulo, Editora Atlas. 1988. P. 13.
7. Idem nota anterior. P. 25.
8. KOTLER, Philip. Administração de marketing. São Paulo, Editora Atlas. 1996. P. 25.
9. KOTLER, Philip. Marketing para o século XXI. São Paulo, Futura. 1999. P. 155.
10. Idem nota anterior. P. 99.

configuração ou generalização do 'espírito' que informava o 'modo de vida global' de determinado povo". [11]

Os primeiros usos nos idiomas europeus preservaram algo do sentido original de cultura, que significava, fundamentalmente, o cultivo ou cuidado de alguma coisa, tal como grãos ou animais, mas referindo-se ao cultivo da mente. Já o que define a nossa cultura como moderna é o fato de que a produção e a circulação das formas simbólicas se tornaram desde o fim do século XV, cada vez mais e de uma forma irresistível, parte de um processo de mercantilização e transmissão que é, agora, de caráter global.

John Thompson oferece uma teoria social para a compreensão do papel da mídia nas sociedades modernas. Sua análise da "mediação" da cultura moderna é uma excelente contribuição. Nesse âmbito, essa obra sumariza uma série de construtos que se aplicam inteiramente à abordagem do presente trabalho:

> "Definições de cultura:
>
> Clássica: 'cultura é o processo de desenvolvimento e enobrecimento das faculdades humanas. Um processo facilitado pela assimilação de trabalhos acadêmicos e artísticos e ligado ao caráter progressista da era moderna'.
>
> Antropológico-descritiva: 'cultura ou civilização tomada em seu sentido etnográfico amplo, é aquele todo complexo que inclui conhecimento, crença, arte, moral, lei, costume e todas as demais capacidades e hábitos adquiridos pelo homem enquanto membro de uma sociedade'.
>
> Antropológico-simbólica: 'cultura é o padrão de significados incorporados nas formas simbólicas. Inclui ações, manifestações verbais e objetos significativos de vários tipos, em virtude dos quais os indivíduos comunicam-se entre si e partilham suas experiências, concepções e crenças". [12]

11. WILLIAMS, Raymond. Cultura. Rio de Janeiro, Editora Paz e Terra. 1992. P. 10.
12. THOMPSON, John. Ideologia e cultura moderna. Petrópolis, Vozes. 1995. P. 170-180.

A partir dessas definições o autor parte para uma concepção estrutural da cultura, atendo-se ao estudo das formas simbólicas, para as quais atribui cinco aspectos:

» intencional (as formas simbólicas são expressões de um sujeito e para um sujeito);

» convencional (a produção, construção ou emprego das formas simbólicas, bem como a interpretação das mesmas pelos sujeitos que as recebem. São processos que, caracteristicamente, envolvem a aplicação de regras, códigos ou convenções de vários tipos);

» estrutural (as formas simbólicas são construções que exibem uma estrutura articulada);

» referencial (as formas simbólicas são construções que tipicamente representam algo, referem-se a algo, dizem algo sobre alguma coisa);

» contextual (as formas simbólicas estão sempre inseridas em processos e contextos sócio-históricos específicos dentro dos quais e por meio dos quais elas são produzidas, transmitidas e recebidas).[13]

XI.2 - A valoração das formas simbólicas

John Thompson discorre sobre aspectos econômicos que norteiam a atribuição de valor e denomina as formas simbólicas mercantilizadas de "bens simbólicos". É interessante o raciocínio do autor com relação à quantidade de informação, além do conhecimento expresso da fonte quanto ao nível de credibilidade de uma forma simbólica:

> "... as palavras do diretor da Tate Gallery, pronunciadas no canal de televisão da BBC sobre o trabalho de um novo artista estão mais propensas a ganhar um maior peso do que os comentários de um transeunte na rua".
>
> "A produção e circulação das formas simbólicas nas formas modernas é inseparável das atividades das indústrias da mídia."[14]

---

13. Idem nota 23. P. 184-192.
14. THOMPSON, John. Ideologia e cultura moderna. Petrópolis, Vozes. 1995. P. 219.

Thompson destaca três aspectos da transmissão cultural: o meio técnico de transmissão, o aparato institucional de transmissão e o distanciamento espaço-temporal implicado na transmissão.

> "O meio técnico se traduz, primordialmente, nos diversos graus de fixação da forma simbólica transmitida e na natureza de reprodução da mesma. A reprodutibilidade das formas simbólicas é uma das características-chave, que subjaz à exploração comercial dos meios técnicos por instituições da comunicação de massa e à mercantilização das formas simbólicas que essas instituições procuram e promovem. Vale lembrar o antológico artigo de Walter Benjamin sobre a dicotomia 'autêntico' versus 'reprodução'. Um terceiro atributo do meio técnico refere-se à natureza e amplitude da participação que ele permite, ou requer, nos indivíduos que empregam esse meio. Um exemplo é a diferença entre o rádio, que podemos ouvir enquanto realizamos outras tarefas, e a televisão, que exige uma atenção mais dedicada". [15]

> "Horkheimer e Adorno usam o termo 'indústria cultural' para referirem-se, de maneira geral, às indústrias interessadas na produção em massa de bens culturais. Eles procuram realçar o fato de que, sob certos aspectos-chave, essas indústrias não são diferentes das outras esferas da produção em massa que atiram ao mercado crescentes quantidades de bens de consumo. Em todos os casos, os bens são produzidos e distribuídos de acordo com procedimentos racionalizados e com o propósito de conseguir lucro". [16]

Alertando-nos para a velocidade com que a tecnologia foi impondo-se ao homem nos últimos cem anos, Benjamin foi genial e visionário em seu artigo, partindo dos fenômenos da gênese da cultura de massa para a antevisão de suas consequências – o que se presencia nesta virada de século, em que os acordos comerciais da globalização perseguem uma política de quotas que preserve as culturas nacionais diante do imperialismo da indústria cinematográfica americana.

> "Mesmo por princípio, a obra de arte foi sempre suscetível de reprodução. O que uns homens haviam feito, outros podiam refazer...

15. Idem nota 26. P. 222.
16. THOMPSON, John. Ideologia e cultura moderna. Petrópolis, Vozes. 1995. P.135-136.

> as técnicas de reprodução, entretanto, são um fenômeno inteiramente novo, que nasceu e se desenvolveu no curso da história, por etapas sucessivas, separadas por longos intervalos, mas num ritmo cada vez mais rápido... a própria Idade Média acrescentaria a xilogravura, a gravura em metal e a água forte; o início do século XIX traria a litografia. Com a litografia, as técnicas de reprodução fizeram um progresso decisivo... mas poucas décadas decorreram após esta descoberta e já a fotografia, por seu turno, ia suplantá-la neste papel. Com a fotografia, pela primeira vez, a mão se liberou das tarefas artísticas essenciais, no que toca à reprodução das imagens, as quais, doravante, foram reservadas ao olho fixado sobre a objetiva. Todavia, como o olho apreende mais rápido do que a mão desenha, a reprodução das imagens pode ser feita, a partir de então, num ritmo tão acelerado que consegue acompanhar a própria cadência das palavras. A fotografia, graças a aparelhos rotativos, fixa as imagens, no estúdio, com a mesma rapidez com que o ator pronuncia as palavras. A litografia abria o caminho para o jornal ilustrado, na fotografia, já está contido em germe o filme falado. No fim do século passado, enfrentou-se o problema colocado pela reprodução dos sons. Com o século XX, as técnicas de reprodução atingiram um tal nível que estão agora em condições não só de se aplicarem a todas as obras de arte do passado e de modificarem profundamente seus modos de influência, como também de que elas mesmas se imponham como formas originais de arte. Sob este ponto de vista, nada é mais revelador do que a maneira pela qual duas de suas diferentes manifestações – a reprodução da obra de arte e a arte cinematográfica – atuaram sobre as formas tradicionais de arte". [17]

Néstor García Canclini aborda a questão da indústria cultural e seu efeito na sociedade globalizada atual:

> "Estabeleceu-se que ter uma identidade equivalia a ser parte de uma nação, uma entidade espacialmente delimitada, onde tudo aquilo compartilhado pelos que a habitam – língua, objetos, costumes – os diferenciaria dos demais de forma nítida. Esses referentes de identificação, historicamente mutáveis, foram embalsamados pelo

17. BENJAMIN, Walter. A obra de arte na época de sua reprodutibilidade técnica. In Os Pensadores. São Paulo, Editora Abril. 1978. P. 210-211.

folclore em um estágio 'tradicional' de seu desenvolvimento, e foram declarados essências da cultura nacional. Ainda hoje são exibidos em museus, transmitidos nas escolas e pelos meios de comunicação de massa, fixados dogmaticamente através dos discursos religiosos e políticos, e defendidos, quando cambaleiam, pelo autoritarismo militar. Este modelo foi tão persuasivo que conseguiu estruturar amplas zonas da cultura, do saber, do esporte e de outras áreas, delimitando-as em unidades nacionais. As histórias da arte e da literatura, por exemplo, têm sido escritas como histórias das artes e das literaturas nacionais. Mesmo as vanguardas, que tentaram transgredir as convenções socioculturais, são identificadas com certos países, como se os perfis nacionais servissem para definir seus projetos renovadores: por isso se fala de futurismo italiano, construtivismo russo e do novo romance francês".[18]

Tratando a dicotomia regional *versus* global, Canclini acrescenta:

> "Assim como noutros tempos as identidades eram objeto de encenação em museus nacionais, na segunda metade do século XX a transnacionalização econômica, e mesmo o caráter específico das últimas tecnologias da comunicação (desde a televisão até os satélites e as redes óticas), colocam no papel principal as culturas-mundo exibidas como espetáculo multimídia.
>
> Pensemos no fato de que já nenhum cinema 'nacional', por exemplo, pode recuperar o investimento feito em um filme contando apenas com os circuitos de salas de seu próprio país. Deve procurar múltiplos canais de venda: a televisão convencional e por assinatura, as redes de vídeo, os 'compact discs' etc. Todos esses sistemas estruturados transnacionalmente, fazem com que as mensagens que circulam por eles se 'desfolclorizem'.
>
> Diante das dificuldades de sobrevivência do cinema, surgiu uma tendência em acentuar esta transnacionalização eliminando-se os aspectos nacionais e regionais. Promove-se um 'cinema-mundo' que procura usar a tecnologia visual e as estratégias de *marketing* mais sofisticadas para conseguir se inserir num mercado de escala

18. CANCLINI, Néstor García. Consumidores e cidadãos. Rio de Janeiro, Editora UFRJ. 1997. P. 121-122.

mundial. Coppola, Spielberg e Lucas, por exemplo, constroem narrativas espetaculares a partir de mitos inteligíveis para todos os espectadores, independentemente de seu nível cultural, educacional, econômico, da história do seu país ou do regime político em que vivem. O que descobre um antropólogo quando começa a ler a Harvard Business Review e o The Journal of Consumer Marketing?

Renato Ortiz, que realiza esta tarefa em seu último livro (Mundialização e Cultura), descobre que os intelectuais propiciam a universalização extremando as potencialidades coincidentes de pensamento e gosto em todas as sociedades: de outra maneira, não teria sido possível a generalização mundial dos microcomputadores e dos cartões de crédito, das roupas da Benetton e das bonecas Barbie.

Mas após uma etapa em que essa homogeneização foi vista como oposta ao local, começou-se a conceber a universalização e as particularidades regionais como complementares: a Coca-Cola só tirou proveito do mercado espanhol quando diminuiu o tamanho de suas garrafas adaptando-as aos refrigerantes existentes no país; uma campanha publicitária desenvolvida na Alemanha, com ídolos do basquete norte-americano teve pouca repercussão porque os desportistas eram desconhecidos na Europa; os *jeans* no Brasil são mais justos para realçar as curvas femininas; os japoneses sabem que os europeus tendem a adquirir aparelhos de som pequenos, de alto desempenho, mas que possam ser escondidos em armários, enquanto os americanos preferem alto-falantes grandes". [19]

19. CANCLINI, Néstor García. Consumidores e cidadãos. Rio de Janeiro, Editora UFRJ. 1997. P. 144-145.

XI.3 - Sobre redes de distribuição da produção cultural

O aspecto rede de distribuição é *sui generis*, pois, os assim chamados meios de comunicação, por serem a principal via de distribuição da dita produção – aliás apontados por Adorno e Horkheimer como o fulcro de sua discussão – constituem uma espécie de componente privilegiado do composto de marketing. Tendo em vista que é através das redes de comunicação (de massa e dirigidas) que se dá a maior parte da distribuição dos bens culturais, lança-se mão de análise dessas mídias para verificar o tamanho do "mercado" em que se pratica – ou que se possa praticar – o marketing para a as artes.

> "A teoria de Adorno sobre música popular é, talvez, a mais notória faceta de sua análise da indústria cultural. Está vinculada às teorias do fetiche da mercadoria e da indústria cultural. Compositor praticante, especialista em teoria musical e defensor da música de vanguarda e não-comercial, Adorno tinha pouco interesse pela música produzida pelas corporações monopolistas e consumida pela massa, exceto como meio para ilustrar o poder da indústria cultural e a alienação das massas nas sociedades capitalistas. De acordo com Adorno, a música popular produzida pela indústria cultural é dominada por dois processos: padronização e pseudo-individualização. Parecidas umas às outras, as canções populares são caracterizadas de modo crescente por uma estrutura central, cujas partes são permutáveis. Essa estrutura central, porém, é ocultada por novidades ou variações estilísticas que conferem uma suposta singularidade. A padronização refere-se a semelhanças substanciais entre as canções populares, enquanto a pseudo-individualização refere-se a suas diferenças circunstanciais. A padronização fixa a maneira como a indústria cultural reprime qualquer tipo de desafio, originalidade, autenticidade ou estímulo intelectual da música que produz, enquanto a pseudo-individualização proporciona o 'refrão', isto é, a aparente inovação ou singularidade da canção para o consumidor.

Uma produz canções populares semelhantes com melodias, versos e estribilhos mais permutáveis, enquanto a outra disfarça esse processo". [20]

XI.4 - Considerações de domínio comum acerca da arte

> "Arte. Substantivo feminino. Atividade que supõe a criação de sensações ou de estados de espírito de caráter estético carregados de vivência pessoal e profunda (...). A capacidade criadora do artista de expressar ou transmitir tais sensações ou sentimentos". [21]

> "A arte é individual como criação e plural como significado".
>
> Frederico Morais

Tratando de marketing para as artes, há que se transportar para um ambiente-objeto completamente diferente daqueles que pontuam toda a história da disciplina.

O marketing, como o conhecemos, nasceu no pós-segunda guerra mundial como uma sofisticação de processos comerciais anteriores no âmbito da indústria de bens de consumo não durável (alimentos processados, higiene pessoal e limpeza doméstica).

A gigante industrial (estadunidense) Procter & Gamble inaugurou o processo e ainda hoje pontifica como o maior anunciante mundial. Sua concorrente é a não menos gigantesca (e europeia) Unilever.

Automóveis, bebidas, cigarros, bancos e seguros seguiram-se. Depois vieram os serviços – o que demandou uma nova disciplina (surgida nos anos 1970): o "marketing de serviços".

Para atuarmos no contexto artístico precisamos nos desprender da lógica mecânica da produção em série, como nos provoca a leitura de Benjamin,

---

20. STRINATI, Dominic. Cultura popular. Uma introdução. São Paulo, Hedra. 1999. P. 73.
21. FERREIRA. Aurelio Buarque de Hollanda. Novo dicionário da língua portuguesa. Rio de Janeiro, Editora Nova Fronteira.

aliás, e mergulhar no seu conceito de "aura da obra de arte" – como produto (ou serviço) único, de valor agregado pela reputação do seu autor.

Não constitui escopo do presente trabalho adentrar as questões "internas" das artes, sua eidética, sua fenomenologia, o que, por si só, constituiria um universo infindo de possibilidades de discussão, especulação e de construção/caracterização de saberes e fazeres.

No entanto, como é sobre a produção artística que recaem as atenções de quem se interessa por marketing aplicado ao universo das artes, procurou-se na obra de Frederico Morais[22], crítico e curador com mais de trinta anos de exercício, os conceitos (na forma das citações abaixo), as quais auxiliam a posicionar um conceito abrangente da arte.

Aliou-se a esse acervo outras assertivas encontradas alhures ao longo do trabalho de pesquisa. Pode-se afirmar que tais assertivas compõem o cenário sobre o qual se projeta o presente esforço.

> "Os produtos da indústria cultural são muito diferentes da obra de arte tradicional. No século XVIII e antes, a obra de arte podia manter certa autonomia frente ao mercado, graças a um sistema de patrocínio que defendia o artista das exigências imediatas da sobrevivência. Essa autonomia possibilitava à obra de arte manter certa distância da realidade existente, ocultando o sofrimento e a contradição e, deste modo, conservava algum resquício da ideia de uma vida feliz. Mas com a progressiva mercantilização dos bens culturais esta autonomia foi destruída. A arte se rende sempre mais à lógica da produção de mercadorias e do mercado, e por isso perde o potencial crítico inerente à própria gratuidade das formas artísticas tradicionais". [23]

> "Que sou eu aos olhos da maioria? Uma nulidade, um homem raro ou um tipo desagradável, alguém que não obteve nem chegará a obter uma situação social, enfim, alguém que significa menos que a generalidade das pessoas? Bem, admitamos que seja exatamente assim. Pois bem, gostaria de mostrar com meu trabalho o

22. MORAIS, Frederico. Arte é o que eu e você chamamos arte. Rio de Janeiro, Record. 1998.
23. THOMPSON, John. Ideologia e cultura moderna. Petrópolis, Vozes. 1995. P. 132.

que há dentro do coração deste tipo raro, desta nulidade" (Vincent Van Gogh).

XI.5 - Sobre arte e técnica

"A arte cria, a técnica fabrica".

Iberê Camargo

Caberia um questionamento sobre se certos tipos de arte como a produção de objetos múltiplos, por exemplo, não deixaria de ser arte passando a ser artesanato utilitário (o que não constitui preocupação primeira do presente trabalho mas que permeia muitas discussões sobre a dicotomia obra de arte – produto):

Uma interpretação do introdutor do conceito de aldeia global – tão confirmado nestes tempos de globalização e internet:

> "Quando o mundo inteiro torna-se, pela rapidez dos meios de informação, uma 'colagem animada', unificada, é natural considerar o mundo inteiro como uma obra de arte" (Marshall McLuhan).

De fato, a arte publicitária vem, cada vez mais, lançando mão deste "mundo-cenário", dos "passantes-estrelas". Os últimos filmes publicitários produzidos para anunciantes como Hyundai, Apple e Stella Artois seguem, claramente, essa linha.

Já o termo "técnica", uma vez entendido pelo ângulo de "técnica artística", bem cabe no universo das artes como tal e constitui, ao lado da inspiração, parte integrante e indivisível do trabalho do artista ou grupo artístico.

XI.6 - Sobre fama e efemeridade

> "Quanto mais o povo comenta, mais aumenta minha audiência, mais eu fico pop. Quanto mais sobe o meu ibope, mais aumenta a minha sorte".[24]
>
> Fernando & Sorocaba

A linguagem da arte é uma faca de dois gumes: se de um lado possibilita o aprofundamento, o acúmulo da experiência e abrangência social, de outro tende a institucionalizar-se e esclerosar-se.

Daí a necessidade que tem o artista de questionar incessantemente sua própria linguagem, podendo até mesmo destruí-la, e tentar caminhar sem as suas "muletas"... essa é uma atitude legítima, decorrente de uma opção: a renúncia às pretensões estéticas de recriar a imagem do mundo na tentativa de incutir-lhe significado ou beleza.

Em vez disso, o antiartista, descrente de qualquer valor durável, adere ao espírito da civilização consumista: a cultura do desperdício e da obsolescência acelerada.

XI.7 - Bens culturais e mercado

> "Quando as leis do mercado que governam a esfera da troca de mercadorias e do trabalho social invadem também a esfera reservada às pessoas particulares como um público, o debate racional-crítico tende a ser substituído pelo consumo, e a teia de comunicação pública se transforma em ações de recepção individualizada, embora de modo uniforme".[25]

> "Desde que a obra de arte se torna mercadoria, não mais se lhe pode aplicar a noção de obra de arte; então, também nós devemos – com prudência e precaução, mas sem temor – renunciar à noção de

24. Trecho da letra da música "Deixa falar".
25. HABERMAS, Jürgen. A transformação estrutural da esfera pública. P. 161.

obra de arte se quisermos conservar a função da própria coisa que queremos designar".[26]

"As técnicas de reprodução aplicadas à obra de arte modificam a atitude da massa diante da arte. Muito reacionária diante, por exemplo, de um Picasso, a massa mostra-se progressista diante, por exemplo, de um Chaplin. A característica de um comportamento progressista reside no fato de o prazer do espetáculo e a experiência vivida correspondente ligarem-se, de modo direto e íntimo, à atitude do conhecedor. Esta ligação tem uma importância social. À medida em que diminui a significação social de uma arte, assiste-se no público a um divórcio crescente entre o espírito crítico e a fruição da obra. Frui-se, sem criticar, aquilo que é convencional; o que é verdadeiramente novo, é criticado com repugnância. No cinema, o público não separa a crítica da fruição".[27]

"Do espetáculo atraente para a vista ou de sonoridade sedutora para o ouvido, a obra de arte, com o dadaísmo, tornou-se choque. Projeta-se contra o espectador ou ouvinte. Adquire um poder traumático. E favorece assim o gosto pelo cinema, que também possui a característica de diversão, graças aos choques provocados no espectador pelas modificações de lugar e do cenário. Basta que se pense na diferença existente entre a tela cinematográfica, na qual se desenrola o filme, e na tela na qual se fixa o quadro! A pintura convida à contemplação; em sua presença as pessoas abandonam-se às próprias associações de ideias. Nada disso ocorre no cinema; tão logo o olho capta uma imagem, esta já foi substituída por outra; o olhar jamais consegue se fixar. Duhamel – que, apesar de detestar o cinema e de nada compreender de sua significação, percebeu corretamente vários traços de sua estrutura – sublinha este caráter quando escreve: 'Eu já não posso pensar o que quero. As imagens em movimento substituem meus próprios pensamentos'. Com efeito, a sucessão das imagens interdita toda associação no espírito do espectador. É disto que decorre sua influência traumatizante:

26. BENJAMIN, Walter. A obra de arte na época de sua reprodutibilidade técnica. In Os Pensadores. São Paulo, Editora Abril. 1978. P. 219. (citando Bertolt Brecht).
27. Idem nota 48. P. 230.

como tudo o que choca, o filme não pode ser captado senão graças a um esforço mais intenso da atenção".[28]

"Esta forma de recepção mediante o divertimento, cada vez mais evidente hoje em todos os domínios da arte, e que é em si mesma um sintoma de importantes modificações nos modos de percepção, encontrou no cinema seu melhor campo de experiência. Por seu efeito de choque, o filme corresponde a esta forma de recepção. Se ele rejeita basicamente o valor cultual da arte, não é apenas porque transforma cada espectador em especialista, mas porque a atitude deste especialista não exige de si nenhum esforço de atenção. O público das salas escuras é indubitavelmente um examinador, mas um examinador que se distrai".[29]

"O leitor passa seu tempo livre nos cinemas folheando revistas e jornais, escutando jazz. Esses hábitos hostis ao esforço mental, além de não ajudá-lo, prejudicam o seu desenvolvimento. Nos séculos XVIII e XIX não havia concorrência na oferta de entretenimento. A vida não era uma sucessão de estímulos frívolos, como é agora para o morador dos subúrbios, e havia tempo para os prazeres menos imediatos. A tentação de aceitar o prazer barato e fácil oferecido pelo cinema, pela biblioteca ambulante, pela revista, pelo jornal, pelo salão de baile e pelo alto-falante é demais para quase todos. Nem mesmo os mais determinados parecem ter a força de vontade necessária para abster-se, pois apenas pessoas excepcionalmente disciplinadas podem lutar contra o seu ambiente, e apenas os extraordinariamente conscientes podem perceber a necessidade de fazê-lo".[30]

Este livro não pretende responder a questões como: onde termina a arte autônoma e onde começa o "show business", ou, ainda, qual o valor econômico de determinado bem cultural.

Estas questões estão situadas no campo da Estética, da Arte, da Antropologia e da Economia. São temas que não se pode esgotar mas que fornecem subsídios para as discussões sobre as relações entre o marketing e as artes.

---

28. BENJAMIN, Walter. A obra de arte na época de sua reprodutibilidade técnica. In Os Pensadores. São Paulo, Editora Abril. 1978. P. 236.
29. Idem nota 50. P. 238.
30. Leavis, Q. D. In STRINATI, Dominic. Cultura polular. Uma introdução. São Paulo, Hedra. 1999. P. 32.

O valor atribuído à obra de arte e a outros bens culturais estabelecem um mercado onde um alto grau de subjetividade dificulta a observação científica – o que não deve, porém, afastar o observador interessado no fenômeno – cada vez mais presente e quotidiano – do "consumo de arte".

Constata-se que há um setor produtivo, constituído de empresas, profissionais autônomos, centros de difusão cultural e sistemas de comunicação que atingem ao público em geral, mas que carece de conhecimento mais aprofundado. O estudo levado a efeito pela Fundação João Pinheiro, sob encomenda do Ministério da Cultura, o mais sério esforço no sentido de se quantificar a importância do setor no âmbito do mercado de trabalho e de bens dimensionou o setor de produção cultural como detentor de uma parcela de participação de 0,8% no PIB brasileiro. Infelizmente, tal estudo não ganhou continuidade sistematizada – o que concorre para que orçamentos públicos fiquem longe da recomendação de 1% pela UNESCO, sob o risco de descaracterização e desaparecimento. Dados atuais de execução orçamentária apontam para uma participação da Cultura no orçamento (federal) de 0,02%, em progressão decrescente, ano após ano, desde 2007.

> "A produção cultural brasileira movimentou, em 1997, cerca de 6,5 bilhões de reais. Isto corresponde a aproximadamente 1% do PIB brasileiro, nos termos dos cálculos feitos para 1994, último ano para o qual existem dados abrangentes e confiáveis. O Brasil gastou, entre 1985 e 1995, cerca de R$ 5,00 per capita com cultura, levando-se em conta os dispêndios da União, Estados e Municípios de capital. A Inglaterra, por exemplo, gastou sempre menos de US$ 5,00 per capita, entre 1979 e 1982, segundo alguns estudos. Ao longo dos onze anos estudados pela pesquisa do Ministério da Cultura, os gastos públicos brasileiros cresceram a uma média anual de 2,8%, o que dá uma ideia da importância que a cultura passou a ter depois da democratização do país". [31]

Ora, se tal dado não reflete a realidade, pelos motivos mais diversos de contabilização pública de gastos, evidencia-se a falta de informação sobre o segmento. Se, pelo contrário, tal dado se confirma, vislumbrar-se o significativo potencial de crescimento – de investimento e trabalho. Há que se ressaltar que estes números não incluem a renúncia fiscal – em

31. Fundação João Pinheiro. Relatório da pesquisa "Economia da cultura". B. H. 1998. P. 1-2.

qualquer nível da administração, o que também, infelizmente, só faz decrescer. Raro foi o ano – na última década – em que a renúncia total chegou a 1 bilhão de reais. Já em termos de dotação orçamentária, a seguir, o ano em que o aporte federal para a Cultura atingiu seu ápice:

Economia da Cultura

Fonte: Portal da Transparência

Orçamento da União Executado (em 2013, ano-base 2012):

R$ 1.415.229.000,00

Dívida Pública: 748, 2 Previdência Social: 322,3
Defesa: 59,8 Trabalho e Emprego: 57,7 Educação: 51,3
Fazenda: 45,0 Saúde: 26,0 Desenvolvimento Social: 21,2
Transportes: 17,7 Agricultura: 10,1 Justiça: 8,7
Ciência e Tecnologia: 7,7 Presidência: 6,1 Planejamento: 3,8
Desenvolvimento Agrário: 2,7 Relações exteriores: 1,6
Cidades: 12,0 Integração nacional: 4,8 Meio ambiente: 1,9
Comunicações: 1,7 Minas e energia: 1,8
Cultura: 1,1 (0,08%)
Desenvolvimento, Indústria e Comércio: 1,1
Turismo: 0,452 Esporte: 0,351 Pesca: 0,126.

OBS.: Último dado disponível nesta formatação.

Aliás, é no âmbito do mercado que se estabelece o mecanismo de trocas – base do conceito de marketing.

> "Também é diferente a relação do público com a obra de arte e com o objeto industrial. Quem compra um quadro compra-o como objeto de contemplação e de valor cultural. Mesmo quando a razão principal da compra é investir, essa razão se apoia na possibilidade de fruição estética de quadro, na sua condição de obra de arte, e não de objeto utilitário. Há, portanto, uma contradição insanável entre a concepção da obra de arte como coisa descartável e a natureza da experiência estética, tanto do ponto-de-vista do criador como do consumidor". [32]

Décio Pignatari, em poucas palavras, auxilia a compreender-se a importância cada vez maior da cultura nesses tempos de exacerbada mercantilização:

32. GULLAR, Ferreira. Argumentação contra a morte da arte. Rio de Janeiro, Editora Revan. 1993. P. 17.

> "A alta tecnologia sempre acaba por descer às massas, cujo poder de empuxo econômico, via consumo, é insuperável. O mesmo parece ocorrer com a alta tecnologia artística, com a chamada arte experimental. 'A massa ainda comerá do biscoito fino que eu fabrico', dizia Oswald de Andrade, e o Orson Welles de ontem pode ser reencontrado, diluído, num filme de Bruce Lee, dos anos 70, assim como Mallarmé está presente em algum poeta de talento e em alguma informação, em alguma publicação ou vídeo, em Goiás... a passagem do tempo histórico para o tempo cultural é a passagem da tecnologia para a sabedoria". [33]

Ao longo do tempo em que se realizou a presente pesquisa foram recolhidos depoimentos de pessoas do meio cultural que oferecem diversos pontos-de-vista sobre mercantilização e bens culturais.

> "Nessa cultura autodestrutiva, o único consolo é a fama, a presença nos veículos de massa. Só é valor o que é notícia, só é notícia o que é novidade. E como todos buscam a novidade, é preciso ir cada vez mais longe à cata da extravagância".[34]

33. PIGNATARI, Décio. Letras, artes, mídia. São Paulo, Globo. 1995. P. 58.
34. GULLAR, Ferreira. Argumentação contra a morte da arte. Rio de Janeiro, Editora Revan. 1993. P. 32.

"O mercado de arte em geral contém uma forte dose de lirismo, passa pelo desejo e pelo mistério, envolve julgamentos e percepções. Além disso, é um mercado não regulado, cujas transações são pouco divulgadas e cujos atores, muitas vezes, preferem o anonimato. É difícil explica-lo para os iniciantes, e muitas vezes é complexo mesmo para os iniciados".

Cesar Cunha Campos
Arte e mercado no Brasil. Rio de Janeiro: FGV. 2016.

XII. APLICANDO O PROCESSO DE MARKETING ÀS ARTES

Ora, se há um mercado de arte – e a arte, ou as artes, são fundamentais na cultura – haverá, associado, um processo/atividade de "marketing" à arte e à cultura.

E se há obras de arte/bens culturais num mercado ativo (que dá margem à existência de um marketing de tipo "cultural"[1] – tipificado, aliás, por este autor na tese "Marketing cultural: características, modalidades e seu uso como política de comunicação institucional", e aprofundado em livro ("Marketing cultural: das práticas à teoria", de 2002), há de existir, certamente – uma "Economia da Cultura"[2], ou "das Artes", associada.

Uma tentativa de caracterização da nova especialidade foi feita por Lusia Angelete Ferreira em sua dissertação de mestrado que originou o livro "Economia da Cultura: contribuições para a construção do campo e histórico da gestão de organizações culturais no Brasil", em que um levantamento detalhado do campo abrangeu 90 anos: de 1920 e 2010, tendo como marcos; inicial, o ambiente que ensejou a Semana de Arte Moderna (1922); e final, a promulgação pioneira de uma Política Nacional de Cultura (PNC), no governo Lula – e gestão de Gilberto Gil no Ministério da Cultura (MinC). Para ilustração parcial dessa cronologia vide Apêndice 1.

(Tal levantamento, acrescido de um marco mais atual, de 2014, encerra o Apêndice 1 deste trabalho).

Organizações culturais cumprem 5 funções básicas, como demonstrado neste fluxograma da Fundação Orquestra Sinfônica de Chicago:

1. O autor defendeu, na USP, a primeira tese brasileira no novo campo, em 2000, inclusive conceituando o "marketing cultural": "atividade deliberada de viabilização físico-financeira de produtos e serviços que, comercializados ou franqueados, venham atender às demandas de fruição e enriquecimento cultural da sociedade". O conceito de "enriquecimento cultural da sociedade provém de Celso Furtado, primeiro titular do então recém-criado ministério da Cultura do Brasil, em 1985 (governo Sarney).
2. "Faltava mesmo um estudo sincrético que auxiliasse a gestão estratégica e de processos de organizações envolvidas com a oferta de bens culturais... um inventário... institucional sobre o assunto...". Luiz Estevam Lopes Gonçalves.

FUNÇÕES DE UM EMPREENDIMENTO CULTURAL (INDIVIDUAL OU GRUPAL)

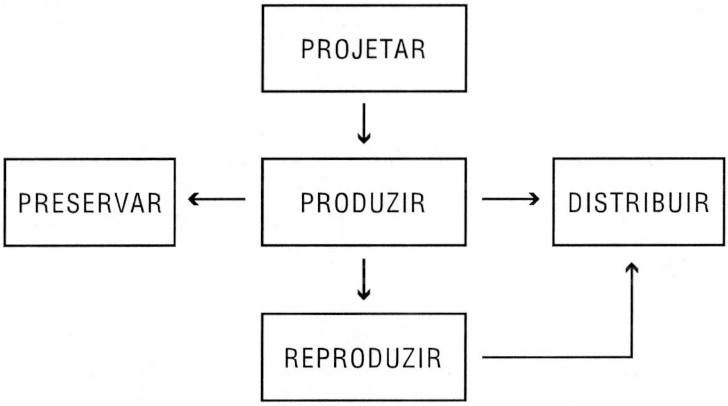

Figura 3 - Funções de um empreendimento cultural (individual ou grupal)
Fonte: Orquestra Sinfônica de Chicago

O conceito primordial de marketing é, de acordo com a definição clássica da Associação Americana de Marketing[3], "a atividade econômica voltada para a satisfação de necessidades e desejos da sociedade por meio de um processo de trocas".

Na tentativa de atender a tais demandas (necessidades e desejos) no campo das artes, entidades estatais e privadas desenvolvem produtos e serviços. Realizam pesquisas de mercado e de opinião pública, fazem observação ou "benchmarking"[4] - de experiências que deram certo em outros lugares - e passam a desenvolver os produtos e serviços demandados, dentro de suas possibilidades de contato com os criadores primeiros - curadores, colecionadores e artistas.

3. A American Marketing Association (AMA) periodicamente revisa o conceito da atividade. Em sua última atualização, aprovada em julho de 2013, temos: "O marketing é a atividade, o conjunto de instituições, e de processos voltados para criar, comunicar, entregar e trocar "propostas de valor" junto a clientes, parceiros e sociedade em geral".
4. Benchmarking: ação - legal (não se trata, aqui, de qualquer tipo de espionagem ou "pirataria") - de quem copia o que deu certo em seu concorrente. Traduz-se pela expressão "Siga o líder" e é atividade mais ligada a processos.

Uma vez desenvolvidos produtos e serviços, os mesmos são objeto de análise de preço – um processo de "precificação". Um estudo econômico de viabilidade vai, então, estabelecer, para a operação de produção (de produtos e serviços), qual preço deveria ser cobrado para obter uma autossustentabilidade da operação – ou seja, a manutenção das atividades de produção com margem de lucro mínima necessária à permanência da instituição.

Diferentemente das ações comandadas pelo Estado, numa empresa precisa remunerar-se acionistas por tais produtos e serviços em um nível que a viabilize perenemente (e com lucro interessante) – esta, aliás, a essência, segundo Peter Drucker, da existência da empresa e do capitalismo industrial.

Ocorre que os públicos-alvo dessa empresa terão – ou não – capacidade de consumir tais produtos e serviços àqueles preços determinados. Não adianta um produto (ou serviço) muito bem desenvolvido para atender a uma necessidade muito clara, mas que não possa ser viabilizado porque o seu preço está fora da capacidade financeira daqueles que precisam do mesmo.

Novamente remetemo-nos à operação levada a cabo pelo Estado – quando há uma necessidade que precisa ser satisfeita como um "serviço público" a viabilidade econômico-financeira vai para um segundo plano. Exemplo: no segmento da saúde, quando um determinado medicamento – ou um tratamento (serviços de quimioterapia ou radioterapia) – ficam inalcançáveis à capacidade monetária do paciente, o Estado pode ser chamado a custear o tratamento ou a importar ou fabricar o medicamento em questão para o seu fornecimento gratuito.

O mesmo raciocínio pode ser trazido à esfera cultural. Se a cultura é compreendida como uma área de necessidade básica da população[5], seriam justificados custeios não-lucrativos de ações culturais.

Após estudo de viabilidade econômica – que pode até ser o momento em que se muda de ideia quanto a o que oferecer (muitas vezes a iniciativa pode morrer nessa fase, por inviável) –, desenvolvido o produto/serviço

5. De acordo com a Constituição Federal de 1988, o Estado brasileiro é garantidor do acesso a bens culturais (acervos, produtos e serviços) pelos cidadãos. No entanto, tais direitos culturais – não autoaplicáveis pela letra da lei magna –, ainda não foram objeto de legislação complementar regulamentadora.

e a equação em que ele se viabilize, vão então se estabelecer outros estudos: (a) de distribuição, porque parte-se do pressuposto, dentro do estudo de viabilidade econômica, que uma "quantidade ideal" deve ser ofertada, colocada no mercado e, então, vendida (e para que se atinja esse objetivo é preciso que se coloque o produto certo à disposição de seus potenciais consumidores, no local certo, pelo preço certo); e (b) de promoção (ou de comunicação) do produto/serviço – para que tal, uma vez divulgado e conhecido, possa ser procurado pelos seus potenciais "consumidores-fruidores"[6].

O marketing – como o conhecemos – nasceu na segunda metade do século XX. Até então, o que havia (completavam-se cem anos da revolução industrial, com produção em larga escala e produtos estandardizados) era um consumo de poucas opções de escolha, em todas as categorias de produtos, a partir de necessidades básicas e da disponibilidade desses produtos em relativamente poucos pontos de vendas (lugares, então, sem maiores atrativos). Uma escolha de verdade era algo ainda desconhecido do consumidor.

As primeiras corporações dedicadas ao marketing eram justamente aquelas ligadas à produção de produtos básicos de alimentação, higiene e limpeza. As embalagens ainda eram muito toscas – o que, entretanto, atendia ao consumidor de então –, ou se vendia a granel, em mercearias e empórios.

Foi um momento inicial do marketing aquele a que as escolas de comércio americanas se dedicaram no pós-segunda guerra mundial, quando então começaram a surgir os primeiros textos acadêmicos sobre vendas, promoção de vendas e aplicação de conceitos científicos à atividade comercial.

Depois, com o próprio incremento da atividade econômica, começaram a surgir variadas opções de produtos e serviços. Já não havia mais somente aquele fabricante único, monopolista, em casa segmento. Havia mais de um.

O estabelecimento de genuína concorrência é um marco importantíssimo para o surgimento do marketing como o conhecemos.

6. Em artes e na área da cultura, preferimos utilizar o termo "fruição" ao termo "consumo".

Uma vez desenvolvido o produto/serviço, a quantidade que viabiliza tal oferta do ponto-de-vista econômico e dos pontos de distribuição que viabilizarão o acesso dos consumidores em potencial, vai se tornar necessário fazer a comunicação adequada, permitindo que o consumidor alcance o produto/serviço, conheça-o, saiba onde o mesmo está e possa acessá-lo.

São clássicos os 4 Ps do marketing mix: produto, preço, praça e promoção, propostos por Jerome McCarthy[7]. No caso da aplicação do esquema às artes, leia-se, no lugar da palavra "consumidor", o fruidor da obra de arte, eventual "consumidor" do bem cultural – que pode ser uma pintura, um livro, uma récita musical, um espetáculo de teatro, música, ópera ou circo:

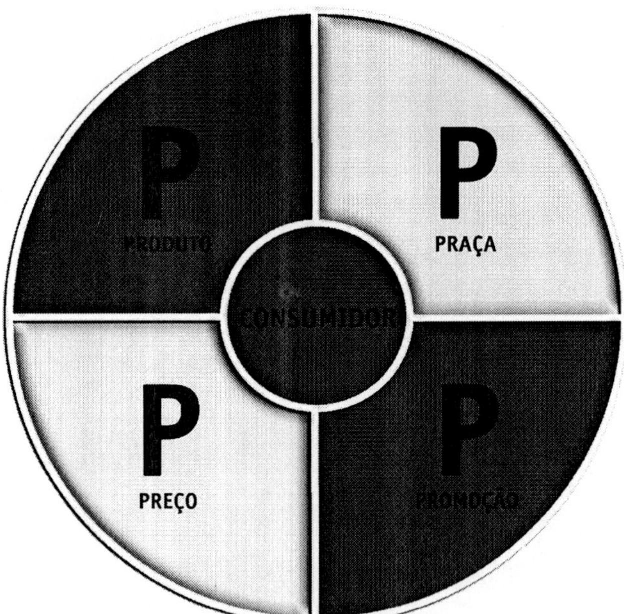

Figura 4 - Marketing Mix (Jerome McCarthy, 1960). In VASCONCELLOS, Manoel Maria de. Marketing Básico. Rio de Janeiro: Conceito Editorial. 2006.

7. McCARTHY, J. E. Basic marketing. Chicago: R. D. Irwin.1960.

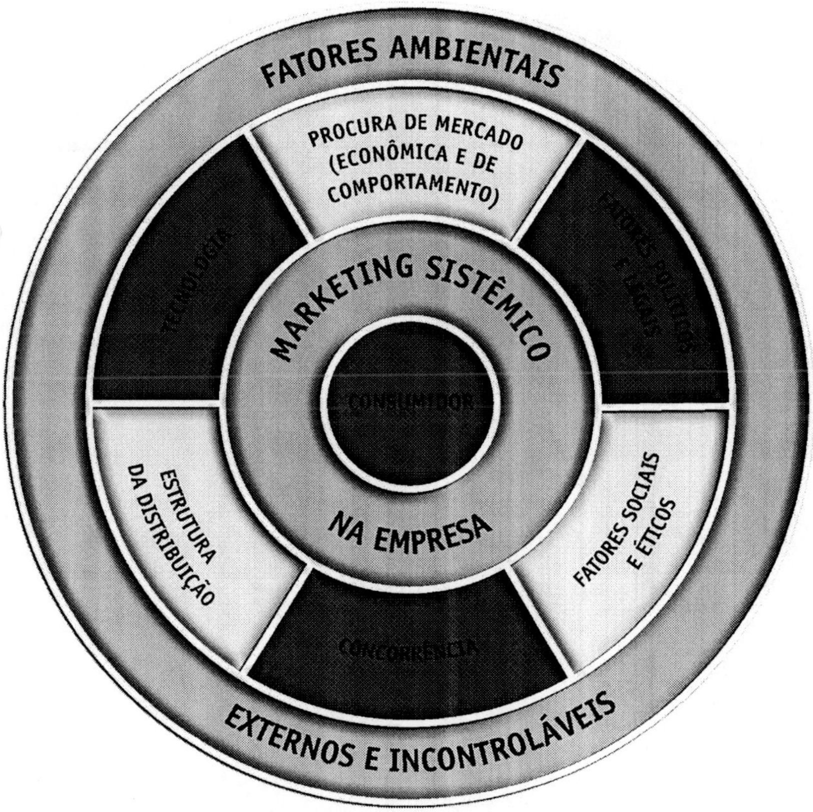

Figura 5 - Sistema Marketing - Fatores ambientais. In VASCONCELLOS, Manoel Maria de. Marketing Básico. Rio de Janeiro: Conceito Editorial. 2006.

Há fatores ambientais que estão fora do controle mesmo de quem deseja viabilizar comercialmente o "produto" do trabalho artístico (ou serviço idem).

Os componentes do sistema são auto-explicáveis. Há que ressaltar que o marketing, como disciplina oriunda do meio dos negócios industriais (produtores de bens de consumo), sempre teve lugar na empresa. Neste trabalho, o desafio é aplicar o conceito (e o sistema) à singela atividade artística individual – ou em grupo.

Figura 6 - Sistema Marketing - Recursos Gerais. In VASCONCELLOS, Manoel Maria de. Marketing Básico. Rio de Janeiro: Conceito Editorial. 2006.

Onde se lê "recursos gerais da empresa", há que se considerar os "recursos presentes no entono do artista/grupo artístico". As diversas etapas componentes do sistema também são idem auto-explicativas.

E onde se lê "composição mercadológica em uma empresa", considerando a arte um empreendimento, considere-se uma "composição mercadológica do produto do fazer artístico".

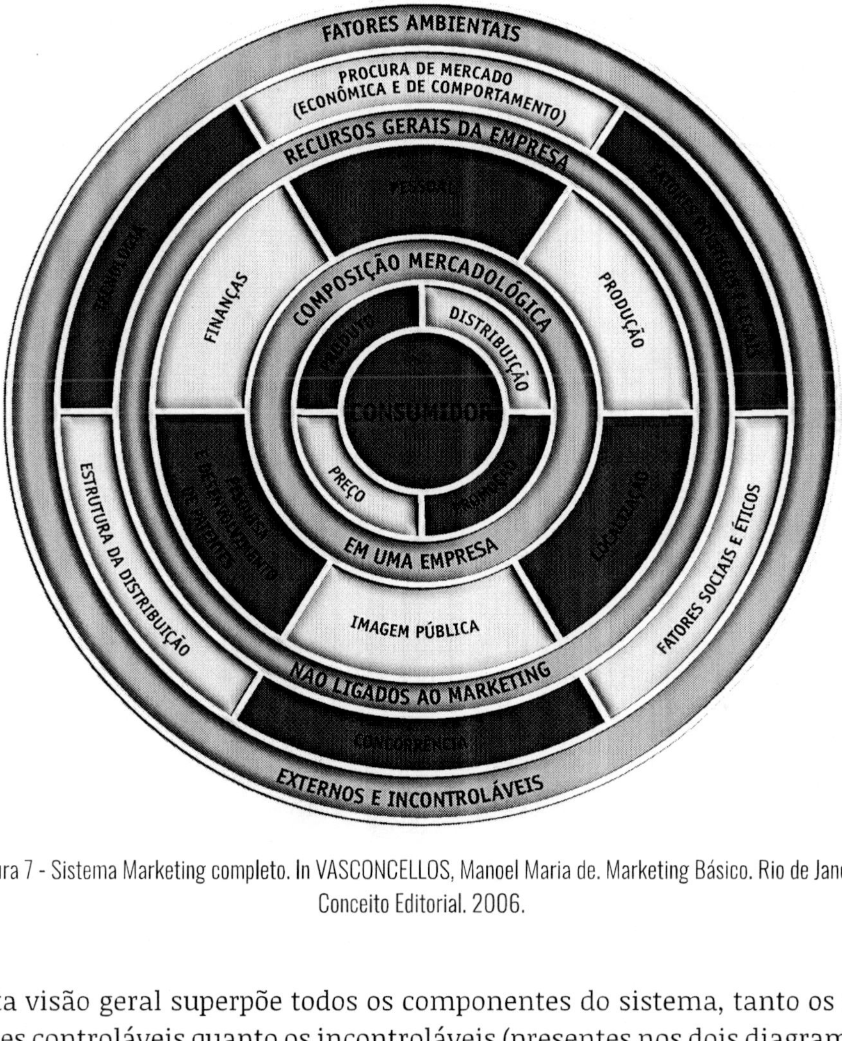

Figura 7 - Sistema Marketing completo. In VASCONCELLOS, Manoel Maria de. Marketing Básico. Rio de Janeiro: Conceito Editorial. 2006.

Esta visão geral superpõe todos os componentes do sistema, tanto os fatores controláveis quanto os incontroláveis (presentes nos dois diagramas anteriores).

XII.1 - Um marketing contemporâneo

Depois, evolutivamente, diversas outras subdisciplinas surgem dentro do próprio marketing – (hoje o “sistema marketing” quase que cedendo todo o seu espaço para uma nova disciplina, o “branding” – tal a prevalência das marcas atualmente). É o caso, por exemplo, da técnica do “merchandising”, muito utilizada no audiovisual (cinema, TV e vídeo)[8].

A proposta de Francisco Madia prevê 11 Ps e a eles se acresce um 12º P – descrito a seguir:

Sobre os 12 Ps (sempre lembrando que os Ps do “marketing mix” vêm originalmente em idioma inglês):

» “Post Place” (pós-vendas);

» “Protection” (tudo o que se relaciona a legislação e regulamentos de defesa do consumidor);

» “People” (a abordagem que o marketing passou a fazer junto a todo o público interno e não só junto ao pessoal de vendas);

» “Providers” (a inclusão dos fornecedores como co-partícipes na responsabilidade pelo bom produto ou pelo bom serviço – uma perspectiva que adveio com a gestão pela qualidade total);

» “Positioning” (o conceito de liderança da marca “na mente do consumidor”. Adveio da obra de Al Ries e Jack Trout, cujo mote é “se você não pode ser líder numa categoria, crie outra”. Para eles, um mercado chega à maturidade quando restam dois “players” relevantes;

» “Phocus” (nos anos 2000 uma vasta gama de autores dedicou-se ao tema do foco no “core business” das empresas. Por essa filosofia, tudo o que não consiste em “núcleo duro” da atividade da empresa deve ser terceirizado;

---

8. Atividade de ativação de um produto ou serviço no ponto-de-venda, induzindo a escolha e a compra. Degustações, distribuição de amostras e brindes, bem como o uso de “displays” chamativos que facilitam o acesso ao produto compõem o “merchandising” essencial. Posteriormente, quando a mídia (cinema e TV) passou a estampar uma marca de maneira “incindental” ou simula o seu consumo (o uso de serviços de um banco, por exemplo, ou o ato de beber cerveja de determinada marca), essas ações também passaram a incorporar o arsenal do “merchandising”.

» "Percognition" (Francisco Madia propôs este 11o. P para incluir no composto a preocupação – também aguçada nos anos 2000 – com inteligência competitiva, ou seja, a empresa, ou seus gestores, deveriam conhecer tudo o que diz respeito ao universo circundante à sua atividade, nada devendo lhes escapar – um "perímetro ampliado" na gestão de conhecimento de seu ramo de atividade; e

» "Powerbranding" – uma proposta minha advinda dos estudos de "branding" na área financeira, o que demonstrou que a marca (um ativo intangível) vem superando os demais ativos, requerendo reconhecimento no balanço contábil a partir de 2010. Trata-se de um novo tempo – a era do empoderamento das marcas.

No diagrama, a proposta de um composto de 12 Ps que, pioneiramente, dá lugar a uma subdisciplina "powerbranding"[9], a qual reconhece o atual empoderamento das marcas (quando as mesmas superam as empresas que as detêm e controlam).

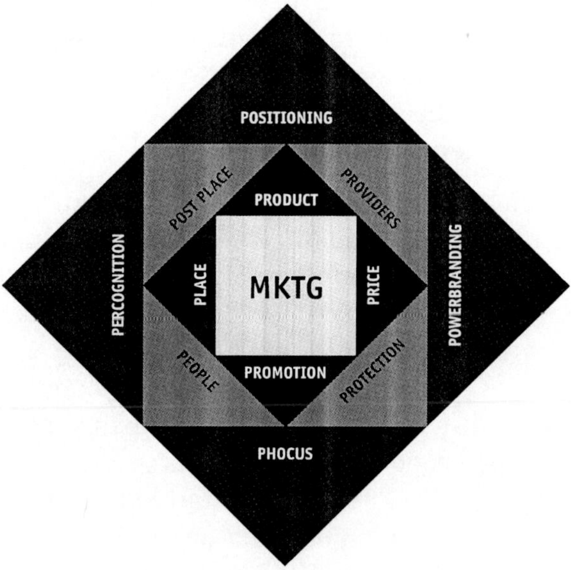

Figura 8 - Marketing Mix contemporâneo (12 "Ps" na concepção do autor)

9. FREITAS, Mariza Branco Rodrigo de, e MACHADO NETO, Manoel Marcondes. Marca: do marketing ao balanço financeiro. Rio de Janeiro, EdUERJ. 2015. P. 25.

Entretanto, comunicar simplesmente, dando apenas publicidade (divulgação) à existência do produto/serviço já não era mais suficiente ("publicity"). Seria necessário ir além dessa divulgação – um trabalho ainda rudimentar que as empresas empreendiam junto aos meios de comunicação no início do marketing.

O espaço publicitário passou a ser vendido e comprado por aquelas corporações industriais com o intuito de vender mercadorias e serviços. Surgiu a relação entre os veículos e anunciantes fazendo – via agências especializadas – uma "publicidade comercial" ou, simplesmente, propaganda ("advertising").

XII.2 - O trabalho artístico como "produto"

Um projeto cultural – como qualquer outra atividade humana organizada pode passar pelo ciclo descrito acima. Uma manifestação cultural, a atividade empreendida pelo artista – "artista como 'antena da raça' na visão de Ezra Pound" – que capta um valor estético, um desejo, a oportunidade de abordar um determinado tema através de uma iniciativa própria para a criação de uma melodia, uma pintura, um texto que se declama ou encena pode ser considerado um produto.

Para Teixeira Coelho, "promover a cultura não é, apenas, financiar o artista, o produtor individual, como (mal) vem fazendo o Estado no Brasil, há décadas: é, antes, criar as condições para que o maior número possível de pessoas tenha acesso ao sistema de produção cultural, senão como produtores, pelo menos como consumidores efetivos. E cultura não é a simples soma, o estoque de produtos culturais acabados, prontos, mas um "modo de vida" entre esses produtos: no primeiro caso o que se tem é a cultura-inerte; apenas no segundo é que surge a cultura-ação. Mal ou bem, mais mal do que bem, o Brasil já tem seu estoque de cultura-inerte; trata-se agora de fazê-lo circular, de torná-lo ação".[10]

10. COELHO, Teixeira. Ação Cultural. São Paulo, Perspectiva. 1986.

Tal manifestação artística (talento ou habilidade para utilizar um determinado suporte – seja o papel, a voz, uma tela, matéria bruta a esculpir) manifesta aí sua linguagem – para se exprimir e muitas vezes esse ato de criação dá origem a algo de que o marketing cultural vai se ocupar mais adiante: o produto do trabalho artístico.

Ora, esse produto (primeiro P do composto de marketing), para ser conhecido, precisa ser distribuído. Um outro (P – de "ponto-de-venda") do composto de marketing entra em cena: para que tal produto seja usufruído, seja objeto de fruição, ou seja, para que se possa ouvir uma música, para que se possa apreciar um quadro, para que se possa ler um livro, é preciso, antes, proporcionar-se acesso ao mesmo. Esse produto precisa estar em locais de fruição e para que se possa fruí-lo num centro cultural ou biblioteca, por exemplo, ou para ser adquirido numa livraria, esse local precisa estar constituído, estar funcionando.

Tal operação tem uma problemática e um custo logístico e, aí, começam a surgir outras implicações econômico-financeiras entre o artista o produtor.

Através de figuras que se conhece como produtores culturais – mas que, na verdade, são empresários, agentes, *marchands* – o artista vai poder colocar o produto de seu trabalho artístico em um determinado local para então ser usufruído por um "público".

Isto começa a ter implicações econômicas porque para viabilizar uma exposição, para viabilizar a filmagem de um roteiro, para viabilizar a execução de uma partitura parte-se para a venda do ingresso, parte-se para o pagamento – de alguma forma – a um empresário, para que ele exponha e, eventualmente, venda a obra. Paga-se, igualmente, para produzir um disco a partir de uma obra musical.

Tais implicações econômico-financeiras compõem também o "ciclo de vida" de um produto cultural. Aí entra outro P do composto de marketing (de preço ou de precificação).

XII.3 - Sobre "ciclo de vida" em marketing[11]

O ciclo de vida de um produto [ou serviço] pode ser entendido como a história completa do produto através de suas fases de vendas: introdução, crescimento, maturidade e declínio. Pode ser, também, entendido como "obsolescência planejada", ou seja, os produtos [ou serviços] já nascem com data prevista para serem retirados do mercado.

As – clássicas – quatro fases do ciclo de vida do produto são:

» Introdução: Fase inicial da vida do produto ou período em que o produto é lançado no mercado.

» Crescimento: O produto [ou serviço] começa a firmar-se no mercado ou período de aceitação pelo mercado. Nesse estágio surgem os concorrentes.

» Maturidade: Período de baixo crescimento nas vendas. Os níveis de lucro tornam-se estáveis ou diminuem em função dos gastos que a empresa tem para defender o produto da concorrência. Quando o produto atinge um estágio de saturação as características de competição se tornam mais acirradas.

» Declínio: O produto [ou serviço] passa a perder participação no mercado, ou seja, é quando as vendas e os lucros começam a cair.

Existem várias razões para que ocorra o declínio, tais como: o surgimento de novos concorrentes mais eficazes; a substituição de um produto [ou serviço] por outro melhor, ou mesmo a falta de necessidade[12].

Pode-se facilmente reconhecer muitos produtos que já saíram do mercado ou estão em fase de nítido declínio: é o caso dos smartphones, modelos de computadores etc.

Por sua vez, certos produtos como shampoo, alimentos processados e aparelhos de barbear, entre outros, parecem ter uma fase longa, enquanto outros têm um ciclo de vida muito curto: brinquedos e móveis, por exemplo.

11. VASCONCELLOS, Manoel Maria de. Marketing básico. Rio de Janeiro: Conceito Editorial. 2006. P. 76.
12. ARAÚJO, Fabrícia. In www.administradores.com.br (acessado em 29/12/2016).

Especificamente, tratando-se do universo das artes e da cultura – algo que se constitui em décadas, séculos e até milênios – pode parecer inadequado ou impertinente querer entender seus bens sob uma ótica mercadológica "de ciclo de vida de um produto". Mas o que move os atuais processos criativos, artísticos (e culturais, por extensão) "na indústria" (do livro, do disco, do espetáculo) é, e cada vez mais, a possibilidade de rápido declínio e quase imediata "sucessão" pelo próximo "hit". Feita esta observação, mantém-se a citação à questão do CVP (ver quadro a seguir) embora se saiba que "produtos culturais" podem ter "duração" ilimitada – como se pode comprovar pelo mercado de arte e antiguidades.

O desenvolvimento de um produto se inicia quando a empresa concebe a ideia e começa todo o estudo de viabilidade, desenvolvimento e produção. Neste período, o produto ainda não está no mercado. Basicamente, a empresa pode desenvolver seus novos produtos com base numa tecnologia que já possui – é o tipo de estratégia *product-out*.

Na área da Cultura pode-se pensar no recorrente relançamento de coletâneas de música pela indústria fonográfica (em CDs, DVDs e vinis), por exemplo.

Outro tipo de estratégia é a de *market-in*, quando a empresa pesquisa e "ouve" a voz do mercado, passando a fabricar aquilo que o mercado quer, muitas vezes antecipando-se ou, até mesmo criando novas "necessidades de consumo" para... os seus próprios lançamentos. É o caso da Apple. Atribui-se ao gênio de Steve Jobs a criação de "necessidades" novas (objetos de desejo tais como o iPod, o iPad e o iPhone).

A empresa pode utilizar as duas estratégias anteriores, utilizando assim uma estratégia geral mista, a qual maximiza seus recursos produtivos ao mesmo tempo em que desenvolve novos produtos.

Manoel Maria de Vasconcellos, pioneiro do marketing no Brasil, cunhou uma nova expressão quando estava – na Escola Brasileira de Administração Pública da Fundação Getulio Vargas (EBAP-FGV) – às voltas com a então nova disciplina (eram os anos 1950) para designar o "marketing concept" recém-chegado dos Estados Unidos: "produzir o que vende ao invés de vender o que se produz".

OS TRÊS SEGMENTOS DE MERCADO DE HIRSCHMAN

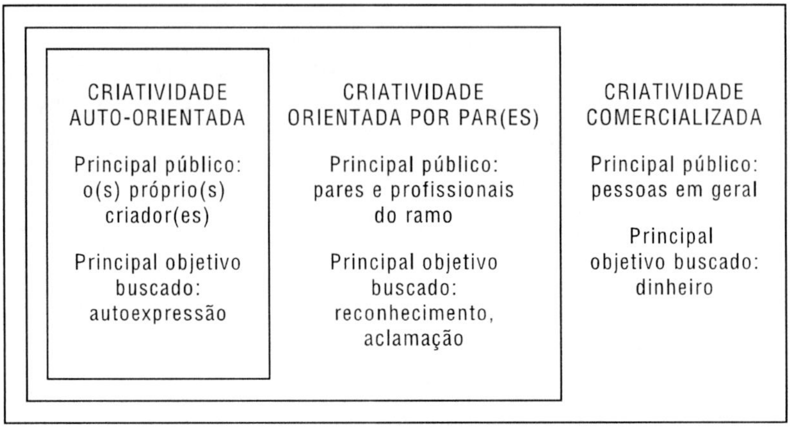

Figura 9 - Limites do Marketing Concept
Fonte: Adaptado de E. C. Hirschman, Aesthetics, ideologies and the limits of the marketing Concept. Journal of Marketing, vol. 47 (1993), P. 49. American Marketing Association.

Importante: toda esta atividade no entorno do artista e de sua obra pode ser objeto do processo de marketing e isso não vai trazer, necessariamente, intrínseca ou extrinsecamente, qualquer conspurcação do conteúdo do trabalho do artista.

Até agora não se tratou sobre a interferência de quem quer que seja na produção que não o próprio produtor cultural e aí compreenda-se pelo menos uma díade entre o artista e aquele que está a seu lado para administrar a sua carreira – um produtor.

Não se trata de interferência e sim do trabalho em torno do produto artístico tal qual nasceu no momento autônomo da inspiração (como qualificou Walter Benjamim[13]) – sem quaisquer implicações outras sobre se vai ser apreciado (se é que vai ser visto, ouvido, aplaudido, valorizado, criticado, fruído ou consumido) por outrem e que não seja apenas satisfação da vontade, da liberdade e do descompromisso daquele criador com quem quer que seja (o "respeitável público").

13. Walter Benjamin cunhou o conceito de "aura" do produto artístico, da obra de arte – seu caráter único e distinto no seu artigo seminal "A obra de arte no tempo de sua reprodutibilidade técnica".

Encerra-se o "marketing mix" com o derradeiro P (de "promotion", no original em inglês), que é todo o esforço de comunicação, divulgação, do produto/serviço – muito além do que o termo português "promoção" significa. Poder-se-ia, aqui, "promoção", traduzir-se assim: "tudo aquilo que se pode fazer em termos de comunicação para promover um produto ou serviço", incluindo divulgação junto à imprensa (relações públicas – mídia espontânea), propaganda (publicidade comercial paga), "merchandising", ações promocionais, degustações, amostras grátis etc.

XII.4 - Produtores, captadores de recursos e outros perfis

Por sua vez, os produtores – o "producer", o "executive producer" – são os perfis através das quais os recursos chegam. Só que são aqueles recursos de "investimento" na iniciativa, não os de doação. Tais produtores podem ser profissionais que tiveram experiências em produção mas também tiveram uma atuação importante na viabilização de seus artistas ou das produções a que se associaram – ou seja – que fizeram, desempenharam também um papel de "captadores de recursos"[14].

Essa terminologia, aliás denota uma figura identificada, erroneamente, ao sujeito à cata de comissões pela obtenção de patrocínios. Sua atuação é tida como desvinculada do produto final, é desvinculada da trajetória pregressa do artista, é simplesmente um intermediário. Obviamente como tudo que recebe pecha, é importante verificar que isso é subjetivo. Há que se verificar o alcance da iniciativa de diversos profissionais da área de captação de recursos que, reunidos em torno de uma proposta de atuação ética (não comissionada) criaram, a 7 de dezembro de 1999, a Associação Brasileira de Captadores de Recursos, com sede em São Paulo.

O também chamado "fund raiser" (profissional de levantamento de fundos), que é um perfil bastante diferente daquele que capta recursos para as produções de "show business". Está mais relacionado ao marketing social,

14. Em 1999, foi criada a Associação Brasileira de Captadores de Recursos (ABCR). Este autor participou da sua fundação e permanece associado até hoje, com o número 0002 de inscrição.

que é o que Philip Kotler chama de marketing de causas, ou seja, causas como a da criança abandonada, a da terceira idade, a dos moradores de rua, de uma determinada minoria ou então uma campanha para melhoria de condições de vida ou de meio-ambiente, por exemplo. Essas causas precisam buscar ajuda financeira nos mais diversos pontos do planeta. As organizações não governamentais são exemplos de típicos usuários de "fund raising" e estão, majoritariamente, no chamado Terceiro Setor (que não é nem o primeiro – governamental, nem o segundo – empresarial, mas uma terceira via organizativa para a viabilização de atividades humanas originada no ambiente de cidadania).

Tal "fund raising" é uma atividade já consolidada no Brasil. A diferença frente a outros países é a quantidade de recursos levantados (em relação ao PIB) e a quantidade de pessoas envolvidas, pequena em relação à população economicamente ativa.

Um dado oferecido por Peter Drucker em seu livro "Administração de organizações sem fins lucrativos" é que dois em cada três cidadãos norte-americanos participa de alguma atividade comunitária, algum clube de serviços, enfim de alguma ação de cidadania, ora em seu bairro, ora em seu distrito, seu município, sua comunidade.

No Brasil não há dados precisos a respeito, mas há expansão, existente em iniciativas como o Dia de Doar, entre outras. Ainda falta incentivar mais pessoas físicas ao ato de doar para a Cultura – segmento em que as pessoas jurídicas pontificam.

"... Só acaba quando termina...".

Abelardo "Chacrinha" Barbosa

XIII. PRÉ-CONCLUSÕES

O que viria depois do marketing cultural?

O marketing cultural é uma prática recentíssima. Se computarmos o momento inicial em que o mercado passou a utilizar este termo para designar o patrocínio mais consequente de atividades artístico-culturais – o advento da Lei Sarney, de 2 de julho de 1986 – chegamos a uma trajetória de trinta anos, o que nos coloca ainda em posição de uma recente especulação histórica, experimentação de modelos alternativos e conceituação de grande diversidade de práticas.

Para avaliar se de fato as empresas adotaram o marketing cultural como uma prática definitiva seria preciso verificar a manutenção das mesmas em tempo (e lugar) de não-incentivos fiscais, ou seja, seria necessário constatar se as empresas seguiriam mantendo apoio a manifestações artístico-culturais mesmo extintos os incentivos fiscais, exigindo tal prática, o investimento – apenas – de recursos próprios.

O presente trabalho apresenta outro desdobramento; um "marketing para as artes". Tendo em vista que o marketing cultural foi "adotado" pelo meio empresarial – agências de propaganda e anunciantes, resta a tarefa – ainda muito demandada atualmente – de levar conhecimento sobre as práticas de marketing ao criador primeiro – o artista, o espaço cultural, os coletivos de arte.

O termo "marketing" possui um peso simbólico algo paradoxal em relação ao termo "cultural". Enquanto o marketing está relacionado ao mercantilismo, à produção em massa e ao mundo objetivo das cifras monetárias, tudo o que é cultural denota humanismo, manifestação subjetiva e autêntica e (até) idealismo e desapego material. Fazendo a transição para o conceito de marketing para as artes, quer-se quebrar este tipo de barreira encarando a produção do artista (seja produto – um CD, um DVD, um livro, uma película, um quadro, uma escultura –, seja serviço – um espetáculo de música, uma encenação teatral, uma instalação, uma performance) como um bem econômico – passível, pois, da aplicação de um processo de marketing; um marketing para a sua criação, para a sua arte.

XIII.1 - Comparativo entre os conceitos de marketing cultural e marketing para as artes

Definição de marketing cultural

"O marketing cultural é a atividade deliberada de viabilização físico-financeira de produtos e serviços que venham a atender, comercial ou francamente, às demandas de fruição e enriquecimento cultural da sociedade".

Definição para a expressão "marketing para as artes" (a nova proposta do autor)

"O processo de marketing aplicado às artes consiste no uso, pelo artista – direta ou indiretamente – das disciplinas da mercadologia em relação aos frutos de seu trabalho: (I) reconhecimento da obra como um bem econômico, (II) sua precificação, (III) análise e solução das implicações sobre sua distribuição e, (IV) sua promoção junto ao potencial público fruidor-consumidor".

Bem entendido que tal "processo de marketing" encerra-se quando for efetivamente realizada a "venda", ou seja, a aquisição do produto (ou serviço) colocado à disposição pelo(s) artista(s). Literatura econômica e depoimentos tomados pela pesquisa corroboram a definição proposta.

A seguir, no desenho esquemático que congrega os diversos componentes do marketing cultural, pode-se identificar que o artista, objeto do presente trabalho, encontra-se no vértice principal da base na representação:

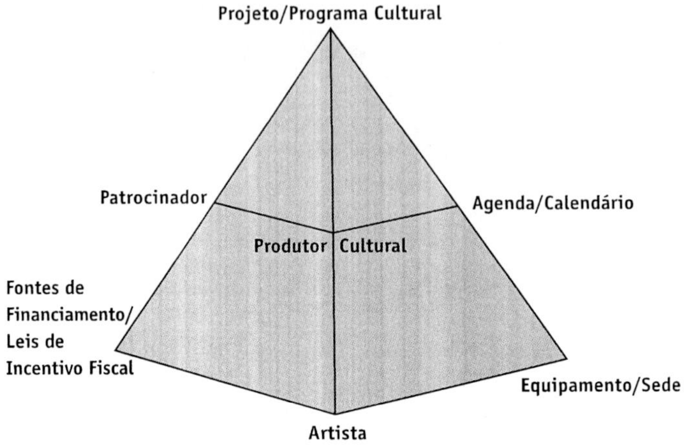

Figura 10 - Sistema Marketing Cultural (MACHADO NETO)

Importante: ao artista, criador primeiro, embora não seja indispensável (há artistas que dispensaram), o concurso de uma figura "de entorno", um produtor solitário que seja, um marchand, um promoter, é algo fundamental.

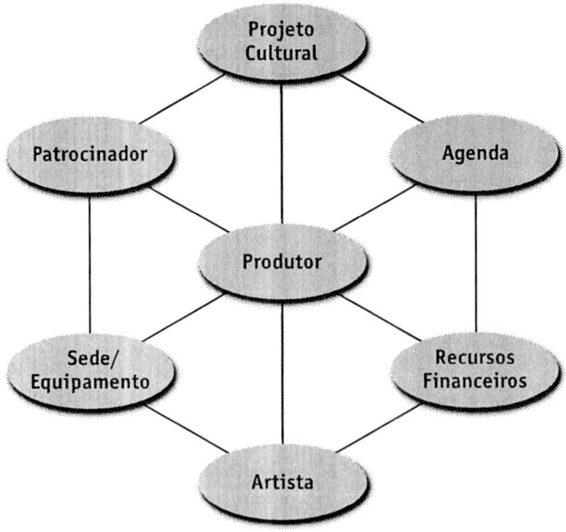

Figura 11 - Visão alternativa do Sistema Marketing Cultural (ALMEIDA & NEIVA).

XIII.2 - Classificação de modalidades do marketing cultural

Como parte da pesquisa de doutoramento, além da caracterização e definição do marketing cultural, chegou-se também a uma proposta de taxonomia de suas práticas[1]:

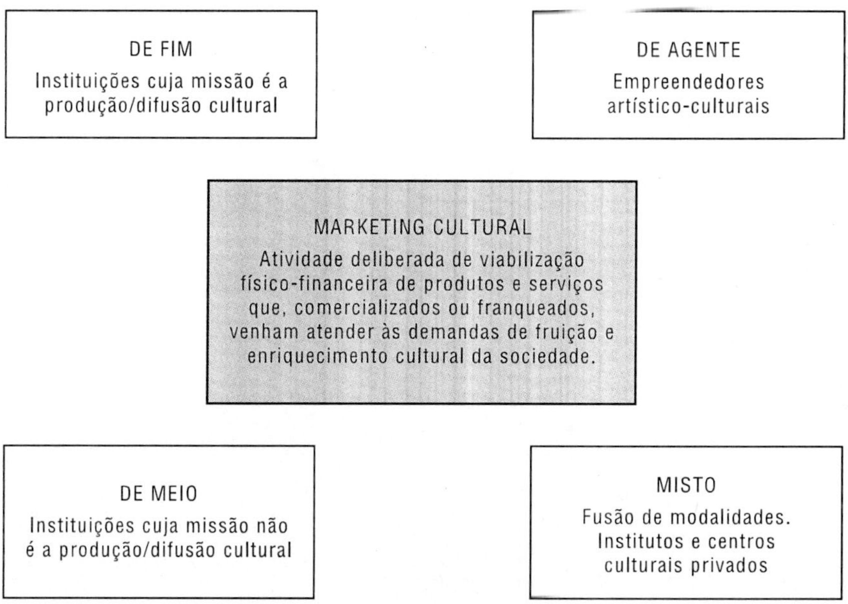

Figura 12 - Marketing Cultural

Outros achados da pesquisa sobre marketing cultural:

1) Iniciativa empresarial cuja adoção é eficaz quando adotada como política continuada em lugar de atividades isoladas de apoio à arte e à produção cultural.

1. MACHADO NETO, Manoel Marcondes. Marketing cultural: das práticas à teoria. Rio de Janeiro, Ciência Moderna. 2a. edição. 2005. P. 176.

2) Para comprovar se de fato as empresas adotaram o marketing cultural como uma prática definitiva, será preciso verificar a manutenção da mesma em tempos de não-incentivos fiscais.

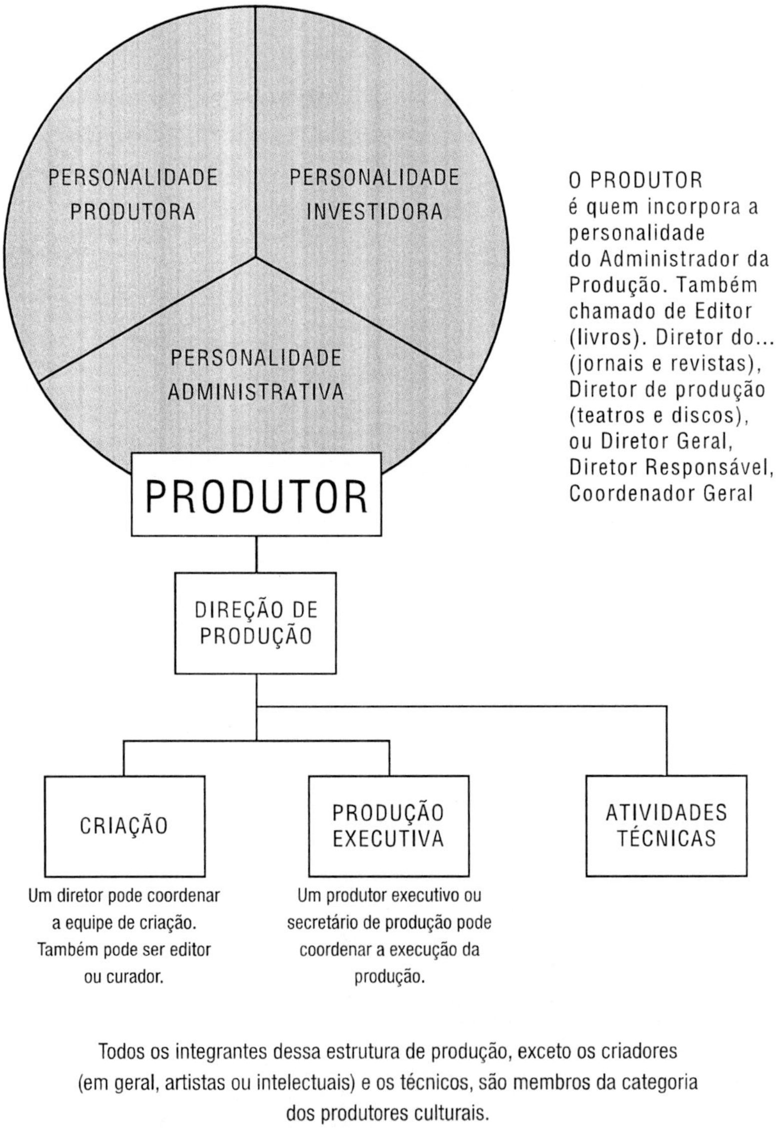

Figura 13 - Entidade Produtora/Realizadora (GOMES, Miguel Ferreira - 1986)

Acredita-se que a partir da compreensão do "modus operandi" e do potencial do marketing aplicado às artes, utilize-se o produto do processo efetivo de produção de receita e renda, bem como se quer contribuir para a formação de perfis profissionais especializados no trato das questões que envolvem cultura e mercado no entorno do artista/grupo artístico.

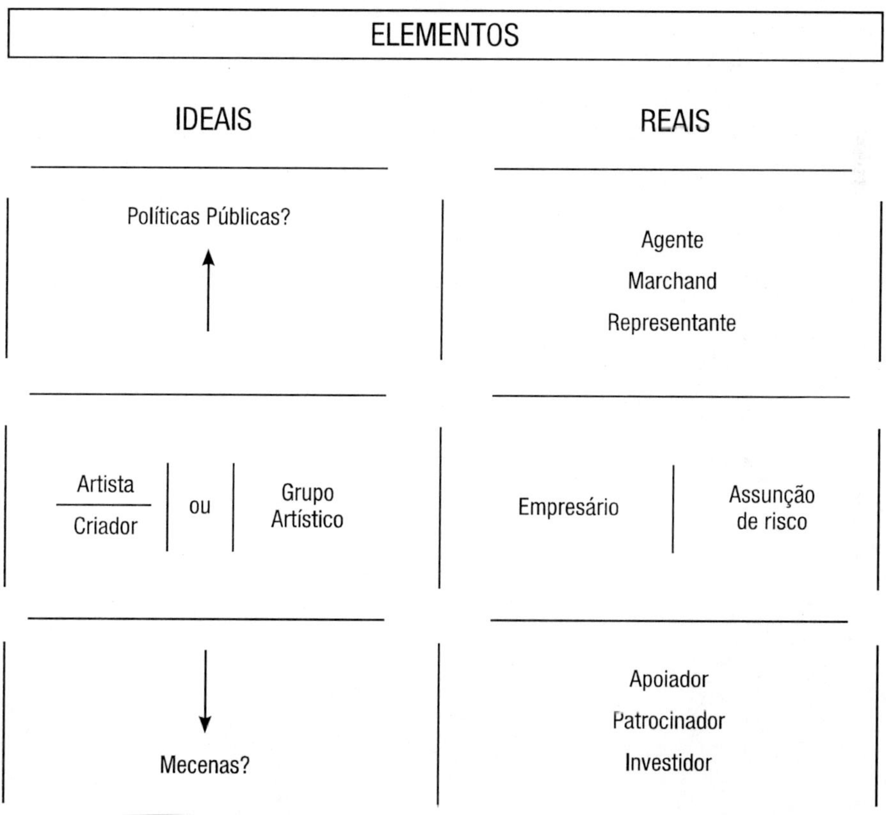

"Não contavam com minha astúcia".

Chapolin Colorado

PARTE 2

"Se ao artista impôs-se um mercado da cultura, cabe a ele aprender a lidar com esse mercado. Se o marketing passou a ser uma exigência para sobreviver no mercado da cultura, então cabe ao artista buscar nele as adequações necessárias para que possa, através da sua utilização, criar ou ocupar brechas anti-status quo no interior desse mercado".

Gisele Marchiori

XIV. MODELO DAS RELAÇÕES DE UM MARKETING PARA AS ARTES

XIV.1 - A definição desdobrada de marketing para as artes

"O processo de marketing aplicado às artes consiste no uso, pelo artista (criador individual ou grupo artístico) – direta ou indiretamente, via produtor (curador ou gestor de espaço cultural) – das disciplinas "O processo de marketing aplicado às artes consiste no uso, pelo artista (criador individual ou grupo artístico) – direta ou indiretamente, via produtor (curador ou gestor de espaço cultural) – das disciplinas da mercadologia em relação aos frutos de seu trabalho: (I) reconhecimento – e formatação – da obra como um bem econômico, (II) sua precificação (tendo em vista custos próprios da produção e capacidade de compra do público-alvo), (III) análise e solução das implicações sobre sua distribuição (visando "estar aonde o povo está") e, (IV) sua promoção junto ao potencial público fruidor-consumidor (utilizando mídia própria, espontânea ou paga)".

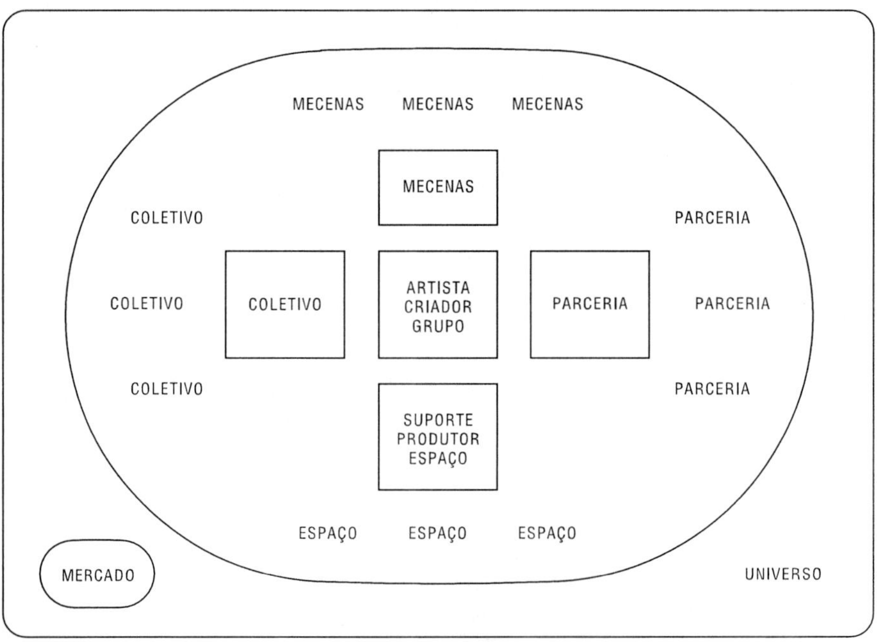

Figura 14 - Modelo de Relações - Marketing para as Artes

XIV.2 - "Árvore" de tomada de decisão de compra/consumo

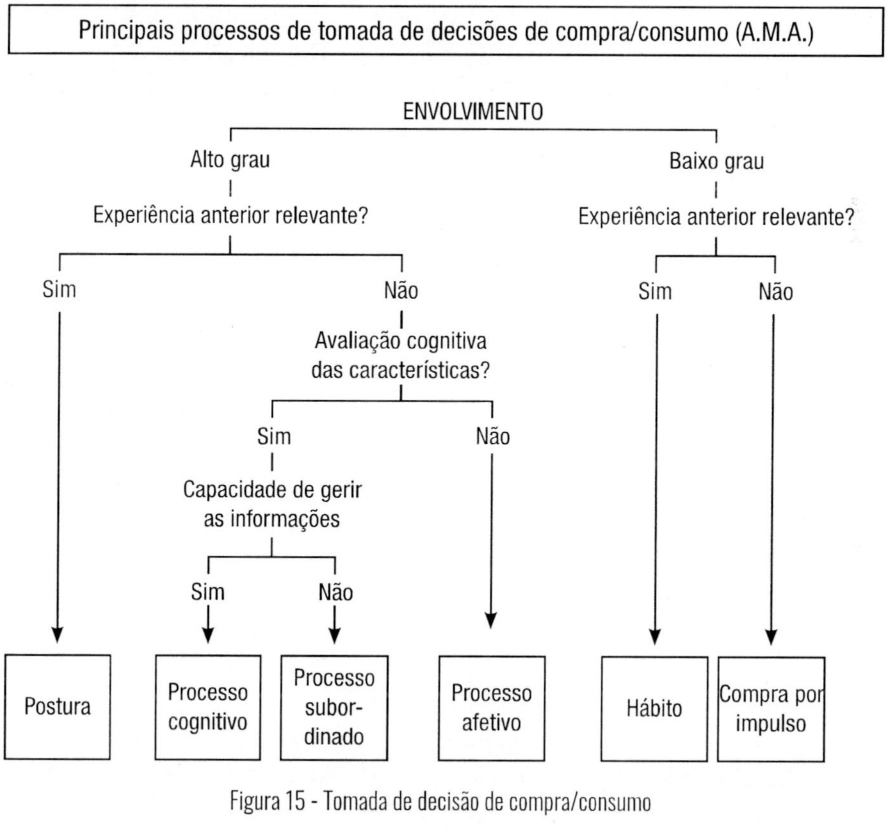

Figura 15 - Tomada de decisão de compra/consumo

Em todo e qualquer estudo de marketing, é preciso ter em mente que – de acordo com Vasconcellos (2006) – "a causa real está sempre na procura e não na oferta"[1].

O mesmo autor cita o professor Paul Mazur que, nos primórdios da disciplina, definiu que "marketing é a entrega à sociedade de um melhor nível de vida"[2].

1. VASCONCELLOS, Manoel Maria de. Marketing básico. Rio de Janeiro, Conceito Editorial. 2006. P. 59.
2. VASCONCELLOS, Manoel Maria de. Marketing básico. Rio de Janeiro, Conceito Editorial. 2006. P. 56.

Finalmente, Vasconcellos introduz a hierarquia das necessidades humanas arquitetada por Abraham Maslow,

> "para poder dela retirar as conclusões que interessam ao marketing pois que abalam os alicerces do 'preconceito da essencialidade'. Um rápido exame desse esquema leva-nos a verificar que quanto mais baixas na escala as necessidades, mais o homem está identificado com os animais. Vem a definir-se como homem nas necessidades mais complexas, como, como as colocadas a partir principalmente da quarta coluna, onde o respeito por si próprio e a necessidade de reputação, prestígio, status se manifestam, para serem coroadas com as que aparecem na última coluna: as necessidades de agir por si próprio e de auto realizar-se fazendo aquilo que gosta e para o que se julga mais capaz.
>
> No rigor da conceituação de que o que não é essencial é desperdício, e de que o marketing e a publicidade, seu mais ostensivo instrumento, fazem-nos desejar o supérfluo, resta-nos apenas uma das duas atitudes seguintes: ou voltar o homem à sua condição de animal, ou considerar que para o ser humano, na sua complexidade e na sua ascensão para a libertação das coisas mais materiais, o 'essencial é o supérfluo'... uma melodia que lhe agrade aos ouvidos, uma pintura que abra seu espírito ao gozo das cores e das formas, uma escultura que lhe transmita a sensação do espaço e do volume, o jogo dos sentidos das palavras conotativas que evoquem sentimentos elevados, ou a narração de acontecimentos reais ou de ficção que lhe induzam mais compreensão e aceitação de seu semelhante.. o atendimento de uma necessidade colocada no ponto mas baixo da hierarquia libera o ser humano para o atendimento de uma necessidade mais alta até atingir as exigências superiores de saber, compreender e fruir satisfações estéticas e espirituais"[3].

3. VASCONCELLOS, Manoel Maria de. Marketing básico. Rio de Janeiro, Conceito Editorial. 2006. P. 94 e 116.

1	2	3	4	5
Necessidades fisiológicas • Comida e bebida • Abrigo • Sexo	**Necessidades de segurança** • Contra o medo e o perigo • Ordem • Proteção • Estabilidade da família	**Necessidades de relacionamento e afeição** • Apreço • Aceitação • Afiliação a grupos • Aprovação social	**Necessidades de estima e consideração** • Respeito por si próprio • Reputação • Prestígio • *Status*	**Necessidade de agir por si próprio** • Auto-realização • Realização daquilo para que se sinta mais capaz e de que mais gosta

Hierarquia das necessidades humanas. Abraham Maslow, 1954.

"Um rápido exame desse esquema [de Abraham Maslow] leva-nos a verificar que quanto mais baixas as demandas na escala de necessidades, mais o homem está identificado com os animais. Vem a definir-se como Homem nas necessidades mais complexas, como as colocadas a partir, principalmente, da quarta coluna, onde o respeito por si próprio e a necessidade de reputação, prestígio, *status* manifestam-se, para serem coroadas com as que aparecem na última coluna: as necessidades de agir por si próprio e de auto-realizar-se, fazendo aquilo que gosta e para o que se julga mais capaz."

VASCONCELLOS, Manoel Maria de. (2006, op. cit., p. 90-91)

Figura 16 - Hierarquia das necessidades humanas de Abraham Maslow

XIV.3 - Fruição ou "consumo cultural"

O "consumo cultural" de um indivíduo está intimamente relacionado a práticas aprendidas desde cedo na vida, ao hábito. Muitas vezes, este aspecto está ligado a experiências da infância e da juventude, embora se possa adquirir novos hábitos ao longo de toda uma vida. No meu caso particular, as primeiras experiências de visita a um teatro e a um museu devem-se à iniciativa escolar – numa aproximação ideal da Educação com a Cultura.

O quadro a seguir é uma interessante "árvore de comportamentos" baseada na experiência cultural na juventude. Em um grupo de 100 indivíduos, a diferença entre o subgrupo que pode se dizer frequentador do circuito das artes e o subgrupo não frequentador chega a oito vezes. Ou seja; 48 desses 100 indivíduos – que tiveram, ao longo da vida (na juventude, junto à família ou à escola, e na idade adulta, junto a amigos) a experiência da cultura artística – continuam a frequentá-la, enquanto que apenas 6% (sem a experiência quando jovem ou quando já adultos) o fazem.

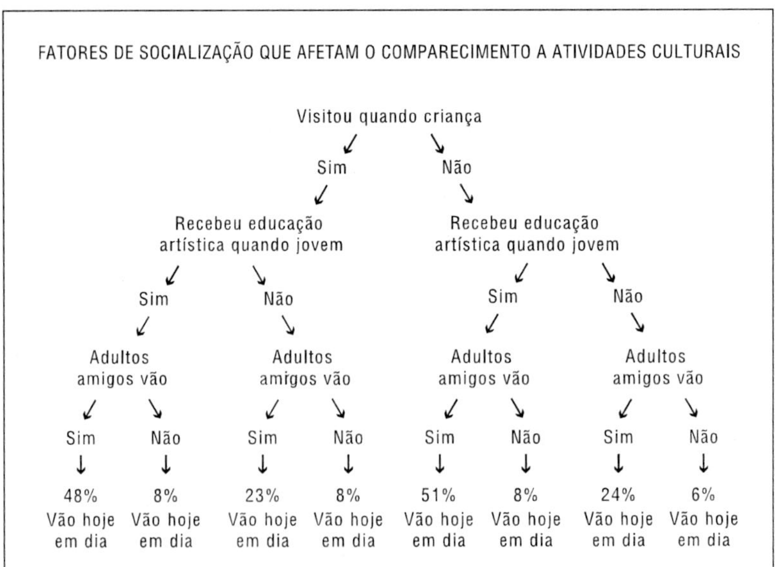

Figura 17 - Fatores de socialização que afetam o comparecimento a atividades culturais
Fonte: Marketing the Arts in Cleveland, 1985

Com relação a atividades em dias livres (um desafio adicional da área cultural é a distinção que o senso comum faz entre lazer e fruição artística), duas interessantes pesquisa – uma estrangeira e outra nacional – dão conta de aspectos relevantes em relação a hábitos:

Primeiramente, um pioneiro levantamento realizado nos Estados Unidos:

ATIVIDADE	PERCENTUAL PESQUISADOS QUE PARTICIPOU
Visitar amigos e parentes	86
Saídas rápidas (bancos, lojas etc.)	64
Exercícios ao ar livre	59
Trabalhar no quintal	47
Ir ao shopping	37
Comer em restaurante	34
Assistir a um vídeo	21
Ir ao cinema	15
Ir a um show musical	11
Levar filho a evento esportivo	10
Visitar museu ou galeria de arte	7
Pescar	5
Ir ao teatro	4

Figura 18 - Taxa de participação em atividades de lazer em Washington, D. C. (EUA) 1992

Atividades – ditas "de lazer" – tais como assistir a um vídeo, ir ao cinema ou a um show musical, museu, galeria de arte ou teatro somam 48% entre os 100 entrevistados, com a primeira atividade "cultural" delas (assistir a um vídeo) atingir 21% das preferências. Esses mesmos indivíduos estão muito mais afeitos a "ir a um shopping" (37% das vezes em que saem de casa) ou comer fora (34%) quanto têm tempo livre, e a própria atividade física ligada ao esporte (tanto a prática de exercícios quanto a frequência a um estádio) desbanca de longe o "lazer cultural", atingindo 69% dos respondentes.

Observações: (1) Note-se que as atividades ditas "de lazer" não são excludentes – cada indivíduo manifestou mais de uma atividade em que se envolve quando tem tempo livre. (2) A atividade de assistir a vídeos talvez não pudesse ser colocada ao lado de uma ida a um teatro (ou cinema ou galeria ou museu), pelo simples fato de que se pode assistir vídeos em casa, ou no carro (à época da pesquisa), isto sem considerar o fenômeno atual dos smartphones como "centrais de entretenimento" – algo que modifica radicalmente as experiências de fruição).

Aqui, um estudo semelhante realizado no Brasil e publicado em 2009 como parte do estudo "Economia da Cultura" organizado por Isabel Cribari:

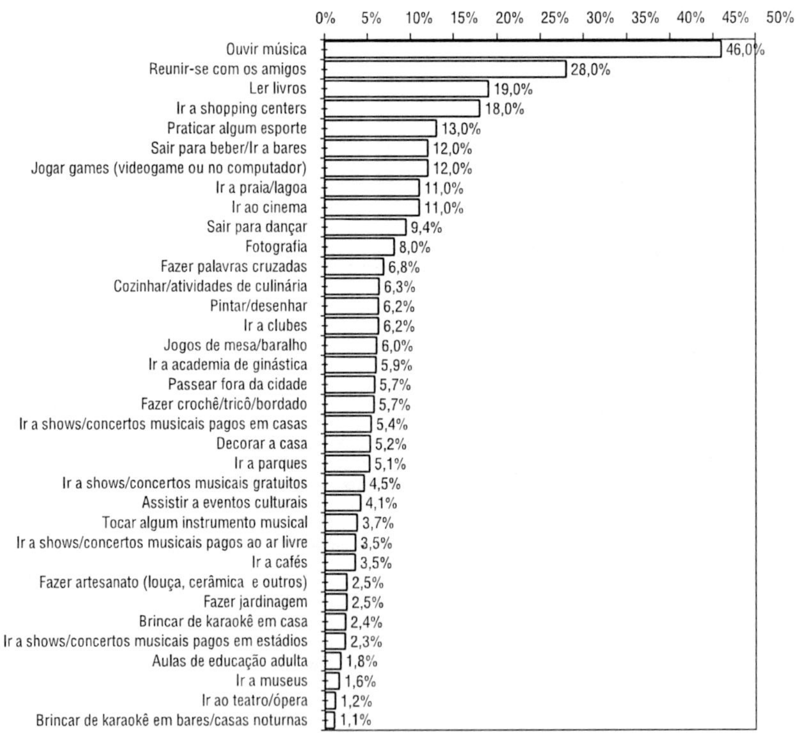

Figura 19 - Práticas culturais de lazer

Fonte: Ibope/Minc. Os dados desta pesquisa têm como fonte secundária o boletim 14 do IPEA – Instituto de Pesquisa Econômica Aplicada – Políticas sociais: acompanhamento e análise, de 14 de fevereiro de 2007 (http://www.ipea.gov.br/portal/images/stories/PDFs/politicas_sociais/bps14_completo.pdf)

Já um outro levantamento realizado no Brasil pelo Canal Futura (publicado em 11 de junho de 2012) revelou, em enquete realizada pelo programa Sala de Debate[4], a partir da pergunta "a que tipo de atividade cultural você tem acesso?", os seguintes resultados:

» 46% dos entrevistados vão ao cinema;

» 16% a shows;

» 7% ao teatro;

» 5% a exposições; e

» 26% responderam não ter acesso a qualquer atividade cultural, embora muitos participantes tenham declarado que em seu tempo livre, ou "de entretenimento", gostam de frequentar bares, churrascos, conversar com amigos ou atender a atividades religiosas - todas plenamente consideráveis como "atividades culturais", num sentido pleno do termo.

Embora colocadas num mesmo patamar (de lazer) neste levantamento informal de enquete, igualar "atividades religiosas", a ida a bares ou churrascos e conversas com amigos embora bem atenda a curiosidade sobre "como se mata o tempo livre", mas absolutamente serve a uma radiografia minimamente consistente sobre hábitos de fruição artística consciente.[5]

4. Fonte: Cristiano Reckziegel (Canal Futura).

5. Observação: (1) Além do mais, uma outra sofisticação deveria ser necessariamente abordada neste tipo de pesquisa; a diferenciação entre "diversão" e "arte". Embora "Comida" (música do grupo Titãs) pareça colocar ambas "no mesmo saco" ("A gente quer comida diversão e arte..."), a ideia da primeira vem, sim, associada a "matar o tempo". Já a fruição da arte costuma demandar um certo grau de esforço intelectual associado à capacidade de "fruir-acrescentar" a nova experiência a algum "universo-conhecido". A experiência do "novo", do completamente desconhecido, exige um tipo de atitude que, à luz da minha experiência como produtor cultural, como pesquisador e como professor, é ainda – infelizmente – algo para poucos. Na enquete citada, eu atribuiria este percentual da população nos (apenas) 12% dos indivíduos – aqueles dispostos às experiências do teatro (7%) e das exposições de arte (5%). (2) Natural que se considere, ainda, o aspecto socioeconômico dos indivíduos e, também, como diz Isabel Azevedo (da UFRJ), a chamada "segunda bilheteria".

XIV.4 - Do marketing à comunicação integrada: aplicação de conceitos ao trabalho do artista

Quando se trata do quarto "P" do marketing mix, de Promoção, entramos no campo da Comunicação – o mesmo campo que sedia, na UFF, o IACS (Instituto de Artes e Comunicação Social. Neste "P" – de função promocional – o que se espera não é aquela "promoção" que estamos acostumados a ver na esfera comercial (de liquidação, de descontos, de compre 2 ganhe 3), mas, sim, "todo o esforço comunicacional que pode ser feito para promover a minha proposta de valor" – ou seja, vai desde a divulgação mais corriqueira, boca-a-boca, de cartazes lambe-lambe pelos muros, à mais sofisticadas táticas de "inbound marketing", "one-to-one marketing" etc.

A figura a seguir espelha a superposição da função "comunicação de marketing" (uma das que compõem o "mix" da comunicação integrada) presente tanto no "marketing mix" quanto no composto da comunicação organizacional.

Figura 20 - Interseção entre os compostos de Comunicação e Marketing
(Concepção do autor a partir dos compostos de Comunicação Organizacional, de Margarita Kunsch, e de Marketing, de Jerome McCarthy)

Tais visões são mais afeitas a empresas, negócios e entidades. Mas quando se trata do indivíduo, do artista sozinho, ou grupo artístico, um outro composto talvez seja mais intuitivo e, portanto, mais incorporável ao seu dia a dia. Trata-se do composto de 4 Rs das chamadas "relações públicas plenas".

Atualização do composto de marketing tradicional (4 Ps de Jerome McCarthy):

Figura 21 - 4 Ps do Marketing: uma releitura

Proposta de valor substitui o tradicional "Produto" como primeiro "P" do composto. Sim, porque no início do processo está a "solução" que se propõe a uma necessidade ou desejo e isto pode ser provido também por um serviço... mas não só.

Se formos levar em conta o marketing aplicado às artes, e tendo em vista que há um público que demanda música instrumental, por exemplo, a proposta de valor a ser ofertada vai de shows a oficinas e cursos (serviços), podendo chegar a CD, DVD ou um catálogo/"songbook" (produtos).

Se estivermos tratando de causas e ideias, a proposta de valor é absolutamente intangível, e como tal, traduz em discurso, campanha, plataforma. "Vender" causas, ideias – como fazem os partidos políticos e as Organizações

Não Governamentais (ONGs) também pode (e deve) amparar-se no conjunto de táticas de marketing. O processo de precificação, ou seja, a definição do "preço", por exemplo, pode ser a filiação/anuidade à ONG, ou uma contribuição ao partido, ou uma doação à causa – seja via monetária ou por meio de outros bens, tais como alimentos, vestuário, mobiliário, equipamentos e, até, serviços voluntários prestados. A "praça" é dada pela abrangência da campanha. Vai depender se nacional, regional ou local. Uma campanha da OSESP (Orquestra Sinfônica do Estado de São Paulo) será levada aos cidadãos paulistas; uma da Orquestra Sinfônica Brasileira poderá abordar cidadãos em todo o território nacional. E uma ação local, por exemplo, do bloco de Carnaval Cacique de Ramos ou da escola de samba Nenê de Vila Matilde, tende a gerar resultados pontuais – como uma reforma de sede, aquisição de instrumentos musicais, ou o trabalho de profissionais da costura voluntários. Já ONGs como Médicos Sem Fronteiras, Greenpeace ou World Wild Life são exemplos de "ponto de venda planetário", pois suas ações se pretendem globais.

Figura 22 - Superposição do composto de marketing atualizado com o novo composto de Relações Públicas Plenas

Universalmente, as relações públicas são sinônimo de relações com a imprensa, relacionamento com a mídia. Porém, no Brasil, o estatuto acadêmico ampliou a esfera das Relações Públicas, desde a formação universitária até a regulamentação da profissão, incorporando um sem-número de atribuições à profissão.

Na figura a seguir – seguindo a lógica proposta pelo "mix" dos 4 Rs, temos um total de 8 estratégias e 16 táticas, rumo à tão demandada transparência – a qual apelidamos de "ativa".

Figura 23 - Composto de Relações Públicas Plenas (4 Rs)

É claro que o uso de todo este arsenal comunicacional está restrito a negócios de grande porte. O importante é ter noção de que, em cada uma das quatro instâncias (Reconhecimento, Relacionamento, Relevância e Reputação), todas absolutamente bem conhecidas e demandadas por todo aquele que se quer conhecido e difundido, deve-se lançar mão de pelo menos uma tática.

"A arte é individual como criação e plural como significado".

Frederico Morais

XV. ADAPTAÇÃO DO MODELO DE 4 Rs DAS RELAÇÕES PÚBLICAS PLENAS AO MARKETING PARA AS ARTES

O artista não é um produto. Não pode ser embalado, vendido, despachado. Seu trabalho, sim, pode ser produzido, distribuído, promovido. Sua obra, por mais concreta que seja, dá-se no campo do imaterial: o criar, o descobrir, o desfrutar. Sua imagem pode ser trabalhada, nunca conspurcada. E sua reputação, construída e mantida – passo a passo – por um esforço permanente de relações públicas.

Figura 24 - Relações Públicas para artistas - composto "4 Rs" adaptado

Todas as estratégias e táticas do composto de 4 Rs[1] podem ser adaptadas ao caso de um artista individual/grupo artístico:

1. MACHADO NETO, Manoel Marcondes. 4 Rs das relações públicas plenas. Rio de Janeiro, Ciência Moderna. 2015. P. 122-123.

XV.1 - Reconhecimento

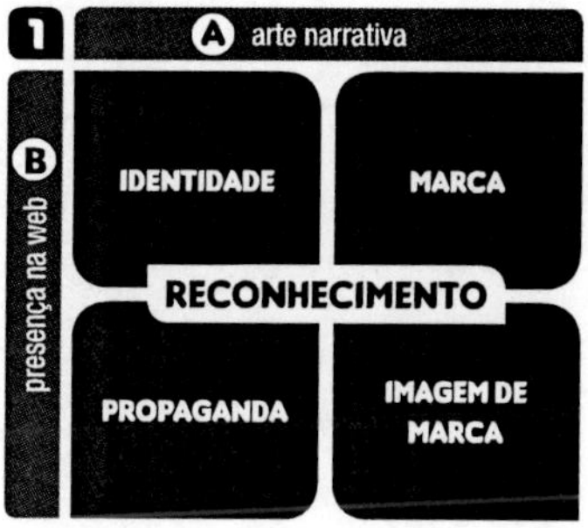

Todo artista tem uma face única, uma voz. Tudo aquilo que o distingue dos demais é fator de reconhecimento.

A instância do Reconhecimento preconiza duas estratégias (arte narrativa e presença na web) e quatro táticas, como na figura ao lado.

XV.1.1 - Estratégia A: arte narrativa

Arte narrativa: todo artista precisa de uma história (ou será "estória"?) construída sobre fatos ou (principalmente se for uma pessoa muito jovem), pelo menos, sobre uma visão dos fatos – a qual se traduz, de algum modo, na sua obra, em seu trabalho, em seu posicionamento no mundo. Há que se construir tal discurso.

> Todos nós temos visto, e ouvido, comerciais de TV e rádio que explicam um negócio, um produto, um serviço, em 30 segundos – ou menos –, o tempo que se leva para ir de elevador do térreo até o terceiro andar... desafio de sempre dos publicitários.
>
> Kambri Crews é uma contadora de histórias de renome, dona de uma empresa de promoções e de relações públicas especializada em "stand-up comedy". Em seu livro "Burn down the ground", narra sua educação caótica no Texas rural como filha de pais surdos.
>
> Crews começou a se apresentar em eventos de contar histórias na cidade de Nova York, vendo-os como oportunidade para trabalhar em seu próprio livro, além de treinar "o que funcionava com o público".
>
> Conversei com ela para descobrir que dicas de contar histórias podem ajudar micro e pequenos empreendedores em sua atividade

comercial. Essas são as quatro técnicas para impulsionar suas habilidades de falar em público e contar histórias:

1. Pratique bem a sua mensagem. "Escrever para os ouvidos e não para os olhos", afinal, seu texto, no caso da narrativa contada, não vai ser lido, mas ouvido. Adapte a sua mensagem para essa circunstância e module-a de acordo com o tempo que terá. A atenção é uma mercadoria escassa hoje em dia. Imagine que o seu "target" está no elevador dirigindo-se ao terceiro andar (e lembre-se que esse trajeto leva 30 segundos).

2. Tente, de todo modo, que sua fala não pareça ensaiada. Isso, definitivamente, afasta as pessoas. Crews explica: "você quer um momento espontâneo; você não terá a mesma resposta sempre (aliás, nunca) – fale naturalmente, tente relaxar, e mantenha contato visual com a(s) pessoa(s) com que você está falando".

3. Tenha, sempre, um começo, um meio e um fim. O início deve "ligar" o seu público, enquanto o final – e a chamada para a ação (compra ou engajamento) – devem ser claras.

4. Faça a narrativa parecer "pessoal". Crews recomenda "o uso de perspectivas para se conectar em um nível humano com o produto ou serviço que você está vendendo". Por exemplo, se você está vendendo aparelhos para surdez, você pode citar uma pesquisa, estudos de caso ou uma lista de prós e contras. Mas se você mostrar um vídeo de uma criança "antes e depois", com a sua reação ao ouvir a voz de sua mãe pela primeira vez, as pessoas vão se lembrar disso, emocionalmente. "Uma anedota pessoal sempre vende um pouco melhor", aconselha Crews.

Táticas

XV.1.1.1 - Identidade

O artista ou grupo artístico precisam estar atentos à definição de nome. Confusão com nomes já conhecidos – na cabeça do público ou da imprensa –, mudanças de nome no meio da carreira e associações com movimentos são as preocupações principais. Casos como os que envolveram George Benson e Jorge Benjor, ou o músico Prince, são dignos de nota.

Identidade: é seu nome, sua cara, sua voz, seu lugar de nascimento, seu gênero, seu clube, sua religião – e tudo o mais que você quiser fazer transpor a linha de sua privacidade.

XV.1.1.2 - Marca

A sigla RC já designou Roberto Carlos e seus negócios, inclusive postos de gasolina. Não é usual que o artista individual preocupe-se com marca, algo que muda muito em relação a grupos artísticos. Conjuntos musicais quase sempre optam por uma "grife", uma assinatura visual como marca. Bee Gees, Genesis, ELP, Guns'n'Roses, Van Halen, Iron Maiden, Chicago e Rolling Stones são clássicos exemplos.

XV.1.2 - Estratégia B: presença na web

Já foi o tempo em que as apresentações estavam a cargo de pessoas (o famoso "Quem Indica") ou das Páginas Amarelas... hoje, tudo – absolutamente tudo – se procura (e tem que ser encontrado) na internet, via Google. A lógica de "search engines" (robôs que buscam algo ou alguém na internet a partir das palavras que balbuciamos na linha de sua linha de pesquisa) é um fato. Ou temos "encontrabilidade" na grande rede ou estamos mortos (se bem que há muitos mortos por lá, muito competentemente mantidos). Faça uma busca por Chico Science, por exemplo. E ele morreu há mais de 20 anos...

Um dos maiores desafios desses tempos de sociedade da informação e do conhecimento é, justamente, a pesquisa, a produção e a edição de conteúdo próprio, o que exige disciplina, presteza, acuracidade, atenção e senso de urgência.

Diz Marcelo Ficher, consultor e também professor:

> "Acabo de avaliar um trabalho de fim de curso de estudantes de Administração. É marcante o interesse desse pessoal pela nossa área de atuação – a comunicação organizacional. A eles ainda surpreende que eu não seja um jornalista ou publicitário e, nisso, são amostra fiel do universo em que nos encontramos: para o senso comum, somente esses dois perfis profissionais são reconhecidos como 'da comunicação'."
>
> Mas, depois que tomam contato com o nosso campo, de Relações Públicas, as pessoas de outras áreas entendem que as finalidades precípuas daquelas funções tradicionais mais conhecidas (do Jornalismo e da Propaganda); informar e persuadir, respectivamente, não dão conta do caráter estratégico que preside a comunicação institucional de um indivíduo ou de uma organização, sobretudo as de grande porte. Ou as do terceiro setor, por exemplo, muitas ainda desprovidas da função "marketing". É preciso mais. E aí compreendem a amplitude de ação que o exercício que denominamos "pleno" de Relações Públicas traz para empresas, órgãos governamentais e organizações da sociedade civil.

Manoel Maria de Vasconcellos defendia a tese de que relações públicas são sinônimo do conceito de comunicação social. Ou seja, todo o esforço que uma organização ou indivíduo fazem com o objetivo de divulgar-se no seio da sociedade em que vivem e atuam seria uma questão de relações públicas. Está aí uma bela tese – que passamos a adotar –, a qual justifica a abrangência dos saberes da área e a utilidade de seus múltiplos fazeres.

Administradores, fazendo planos de negócios e pesquisando por conta própria, chegam a sugestões "publicitárias" que incluem o uso da mídia televisiva, do rádio, de jornais, outdoors e patrocínios, entre outras. Sim, a TV aberta ainda mantém 62% do total, seguida pelo meio jornal, com 13% das verbas, e das revistas, com 7%. A internet chegou aos 6% em 2014, o meio rádio ainda detém 6% do faturamento publicitário, em patamar semelhante ao da TV por assinatura, esta com outros 6% do "bolo" publicitário.[2]

Mas não se pode deixar de levar em conta que todos os *media* convergem para a internet. Quem anuncia tem que olhar para a web.

E quem não anuncia? Bem, quem não anuncia tem que ter, pelo menos, o que denominamos como uma "presença competente na internet", ou seja, pelo menos um bom website institucional. Não é mais possível improvisar, ter um "sitezinho", um "blogzinho", um "youtubinho", desenvolvidos por um amador amigo "muito criativo".

A seguir, estão relacionadas as práticas que levam um artista, uma causa, uma organização, um produto ou uma campanha a adotarem personalidade própria e obter Reconhecimento.

Táticas

XV.1.2.1 - Imagem de marca

São agregados à marca. Pode ser uma assinatura sonora, um mascote, um "porta-voz" do grupo. Este atributo é mais importante quando não há marca envolvida e a imagem "marcante" é a do indivíduo. Pode-se dizer que imagem de marca é a adaptação da literatura sobre "branding" à pessoa física.

XV.1.2.2 - Comunicação institucional

Envolve, principalmente, grupos artísticos aos quais se atribui identidade própria, separada da dos seus integrantes. Porém, ao artista, à personalidade, pode-se atribuir uma certa "institucionalidade" quando há a necessidade ou a vontade de se separar muito bem a figura pública daquela

2. Dados de 2014. Em 2018, no mundo, o meio TV ainda absorvia 31%. E a mídia para "mobile" chegou a 29%. Já em 2020 prevê-se a inversão dessas percentagens.

da esfera privada. Exemplo: a "separação" entre Pelé e Edson Arantes do Nascimento.

XV.2 - Relacionamento

Todo artista tem que manter relações e a prioritária é com o seu público.

A instância do Relacionamento preconiza duas estratégias (relações com o público e relações "internas") e quatro táticas, como na figura ao lado. O segmento de público "interno" é o da equipe de produção.

XV.2.1 - Estratégia C: relações com o público

Operacionalização do conceito de orientação para o mercado, o qual concretiza-se pelo emprego de ferramentas comuns de marketing com o objetivo de satisfazer os desejos e necessidades do público.

No que toca à equipe de produção, de acordo com o publicitário e consultor Alvaro Magalhães, em depoimento ao autor:

» Os valores de satisfação e bem-estar dos empregados e as práticas de recompensa e treinamento são as dimensões da cultura organizacional que melhor predizem a orientação para o mercado interno (sensibilização do cliente interno e busca de informação formal);

» Há necessidade de mais estudos qualitativos para conceituação e identificação da categoria "cliente interno", segmentação de "mercado interno", antecedentes e consequentes da orientação para o mercado interno ("internal marketing orientation"[3]) e seus reflexos no marketing (externo);

3. No exterior, esta disciplina trata das relações internas (as quais lançam mão de táticas de marketing) e pertence ao campo da Psicologia Organizacional. Não adoto o neologismo "endomarketing".

» A comunicação interna é o instrumento ideal para atuação sobre a cultura organizacional e a ferramenta mais adequada é a rede interna de comunicação (intranet), por sua velocidade, segurança, confiabilidade e dinamismo;

» Empregados (clientes internos) satisfeitos: clientes externos – públicos – satisfeitos.

Táticas

XV.2.1.1 - Atendimento ao cliente (fã, ouvinte, telespectador, visitante, assistente, usuário, associado)

Aplicando-se ao mundo artístico, o "consumidor", aqui, recebe a alcunha de fã. Tudo deve ser feito para se agradar os fãs. (Não por outra razão surgiram as Fan Pages). Mensagens, postagens, cartas, telefonemas devem ter a mais pronta resposta possível. Fã não suporta ser deixado – como se diz na gíria – "no vácuo".

XV.2.1.2 - Mediação / Negociação

Aplicável nos conflitos – o que é muito comum no universo de gravadoras, por exemplo. Cancelamentos de shows também exigirão uma cuidadosa negociação – oque, se não for feito, pode afetar fatalmente a carreira e a imagem do artista ou grupo.

XV.2.2 - Estratégia D: relações internas

Conhecer, compreender e prever o que seus clientes querem – e vão querer no futuro – é vital para o sucesso das empresas de pequeno e médio porte.

Se você tem uma loja de esquina, por exemplo, é muito mais simples servir seus clientes locais do que fazê-lo numa cadeia de supermercados. Você sabe o que seus clientes querem, porque você os vê quase que diariamente e pode falar com eles cara-a-cara, ao invés de organizar pesquisas e questionários. Há também uma cadeia muito mais curta entre a pessoa que compra e a que toma decisões. Na verdade, ambos os papéis são muitas vezes desempenhados por uma mesma pessoa.

É esse conhecimento e compreensão dos clientes que as grandes empresas tentaram replicar quando começaram a investir em gestão de relacionamento com clientes (CRM - Customer Relationship Management), há alguns anos. O conceito é essencialmente "conhecer melhor os clientes e usar esse conhecimento para bem atendê-los".

Com o desenvolvimento de sistemas de coleta de dados para grandes organizações, tais como bancos e supermercados, o conceito ficou ligado à tecnologia da informação. É mais do que isso, porém; mais uma filosofia de negócios do que uma solução técnica para ajudar a lidar com os clientes de forma eficaz e eficiente.

Dito isto, o CRM não pode ser visto só em termos de tecnologia, mas também não pode ser introduzido com sucesso em uma organização sem pelo menos alguma tecnologia, afinal, só a tecnologia permite o aspecto-chave de CRM: a integração de todos os meios pelos quais as empresas se comunicam com seus clientes (correio, telefone, e-mail e/ou redes sociais).

Muitas empresas produzem estatísticas e métricas por cliente, por loja, por mês do ano etc. Mas aquelas que estão usando a chamada "análise de dados" dão-se melhor. Elas podem, por exemplo, usar a modelagem preditiva para identificar os clientes mais rentáveis, ou mesmo praticar preços diferenciados para clientes diferentes.

Alternativamente, podem integrar seus dados com outros obtidos em outras fontes para produzir mais conhecimento de seu mercado. E, também, podem usar experimentos para testar o efeito da propaganda e da atividade de marketing.

A boa notícia é que o que era privilégio de grandes corporações já está disponível para empresas menores. Sistemas de CRM já estão disponíveis em formato terceirizado na "web".

A palavra do momento na área da consultoria de CRM é insight. Todos querem mais informação que seus rivais. Muito tem sido feito nos últimos anos no campo da chamada "inteligência competitiva". A britânica

Tesco parece ser capaz de antecipar fins de semana quentes e obter as quantidades corretas de cerveja e suprimentos para churrasco (carne, carvão e sal marinho) para suas lojas. Este "furo" na concorrência é, em grande parte, fruto da análise de informações de longo curso.

Da mesma forma, a internet como meio de vendas tem sido bem sucedida porque os anunciantes usam ferramentas como Google Analytics – algoritmos que são constantemente analisados, tais como "eficácia" de palavras-chave, "posicionamento" na busca de página (relevância), material criativo original e assim por diante.

Davenport e Harris, autores fundamentais em CRM, citam Sir Martin Sorrell, ex-executivo-chefe de publicidade e marketing do grupo WPP: "não há dúvida que a análise científica, o CRM, incluindo econometria, é uma das áreas mais importantes na indústria do marketing de serviços".

Táticas

XV.2.2.1 - comunicação interna

Pertinente em se tratando de grupos artísticos, embora possa ser um ponto de preocupação se a equipe do artista individual for relativamente grande (chegando a sete pessoas, por exemplo). É imperdoável que alguém da "trupe" fique sabendo de algo sobre o grupo pela mídia. Todas as questões relativas à carreira e compromissos devem ser comunicadas à "tripulação" internamente, antes da "decolagem" de uma nova produção (espetáculo, publicação etc.).

XV.2.2.2 - Ombudsman / Ouvidoria

Elaborando o tópico anterior, de "fanzine", mormente no caso de grandes grupos (tais como orquestras, corpos de baile), ter um ouvidor pode ser útil para tratar de crises internas ou junto ao público. Um RP do grupo pode assumir esta função.

XV.3 - Relevância

Todo artista tem um posicionamento mercadológico. A relevância avalia a sua presença em relação a outros artistas do mesmo segmento.

A instância da Relevância preconiza duas estratégias (relações com entidades e relações com o mercado) e quatro táticas, como na figura ao lado.

XV.3.1 - Estratégia E: relações com entidades

Termo que designa a atividade exercida junto a parlamentares com o objetivo de influenciá-los diante de uma votação legal. Os grupos de pressão organizam-se em torno de seus interesses e contratam profissionais que desenvolvem, junto a congressistas, atividades de esclarecimento e convencimento com o fim de defender os pontos-de-vista de seus clientes.

No Congresso dos Estados Unidos, por exemplo, a atividade de "lobbying" é regulamentada. Todo e qualquer "lobista" precisa credenciar-se para frequentar corredores e gabinetes do parlamento no exercício legítimo do também dito "lobby" (pelo fato de que essas conversas têm lugar muitas vezes no "lobby" ou "hall" principal) dos prédios públicos.

No Brasil, apesar de já haver projetos em discussão no Congresso Nacional, a atividade não é regulamentada, o que faz com que o termo seja usado majoritariamente com sentido pejorativo, aliado a práticas políticas e comerciais excusas ou, ainda, ao mero tráfico de influência.

Táticas

XV.3.1.1 - Eventos

Participar de eventos é uma via de visibilidade. Shows coletivos e festivais (como o Rock'n'Rio por exemplo) são oportunidades ímpares.

XV.3.1.2 - Merchandising

Ninguém menos que Paul McCartney, depois de consolidada carreira solo e com sua própria estrutura de produção e comunicação (MPL Communications), lançou um CD com distribuição pela cadeia de cafés Starbucks. Precisa dizer mais alguma coisa?

XV.3.2 - Estratégia F: relações com o mercado

Philip Kotler é também referência de pioneirismo nesta especialidade do marketing. Seu livro "Marketing social: estratégias para alterar o comportamento do público" data de 1971, e vale a pena a leitura.

A especialidade surge normalmente relacionada a iniciativas que tenham apelo e aplicação social, tais como campanhas de saúde pública, de alistamento eleitoral e militar.

A prática é relativamente pouco explorada no Brasil. Algumas campanhas recentes, tais como a PARADA, sobre acidentes de trânsito, e as que defenderam o "sim" e o "não" ao desarmamento da população, além das rotineiras campanhas de vacinação e pelo uso de preservativos (sempre na época do Carnaval) reavivam o uso do marketing social.

O caso do apoio da Avon Cosméticos à iniciativa de detecção precoce do câncer de mama ("Projeto Avon"), premiada pela Aberje (Associação Brasileira de Comunicação Empresarial), é exemplo muito bem sucedido de programa de responsabilidade social empresarial.

Todo o movimento, aliás, obtido pela Avon e por outros atores relacionados à prevenção do câncer de mama, estabeleceu uma série de "pan-eventos" e iniciativas – muitas vezes voluntárias e sob os auspícios de cada um desses atores sociais, cujo acontecimento "combinado" ganhou a disseminada alcunha de "outubro rosa".

> "O profissional de marketing social, contrariamente a seu colega do marketing de negócios, não está a serviço do senhor e sim do escravo. O marketing clássico utiliza a ótica, e seus problemas de convergência, como analogia. Assim, para a contribuição do marketing social, utilizamos o mesmo referencial: lembremo-nos de que o homem inventou a 'prótese para ler' antes da luneta, e a luneta astronômica (de imagens invertidas), antes da luneta terrestre. É da responsabilidade do marketing social utilizar a lógica das lentes de correção progressiva, adaptativas às distâncias, em função dos focos essenciais: sociais".
>
> "Se os sabonetes mereceram tratamento 'profissional' durante tanto tempo, o marketing social deve assegurar este tratamento a valores éticos do desenvolvimento, a saber: solidariedade, universalidade, humanidade. O marketing social parte de uma realidade que o marketing convencional, 'de negócios', contribuiu para agudizar em nossa sociedade, qual seja a de nos transformar em estrangeiros em nosso próprio país: ricos que não se reconhecem num país de pobres; pobres incapazes de se admitirem como pessoas"[4].

Táticas

XV.3.2.1 - Pesquisa de mercado/opinião pública

As gravadoras sempre investiram muito em pesquisa, uma vez que o "consumo" de música segue certos padrões de comportamento. No caso do artista independente. Tal expediente pode ser utilizado em bases digitais – algo que barateou em muito a ausculta do mercado. SurveyMonkey e outras plataformas auxiliam.

4. Fonte: Luiz Estevam Lopes Gonçalves. GONÇALVES, Luiz Estevam Lopes. Marketing social: a ótica, a ética e sua contribuição para o desenvolvimento da sociedade brasileira. Dissertação de mestrado. Rio de Janeiro, EBAP/FGV. 1991.

XV.3.2.2 - Patrocínio

Questão cada vez mais presente, o patrocínio pode ser vital num determinado momento da carreira de um artista ou grupo artístico. São clássicos os "cases" em que o patrocínio alavancou um artista.

XV.4 - Reputação

Todo artista tem uma reputação a ser construída e mantida – durante toda a sua carreira.

A instância da Reputação preconiza duas estratégias (responsabilidade e memória/história) e quatro táticas, como na figura ao lado.

XV.4.1 - Estratégia G: responsabilidade

Termo do idioma inglês que não ganhou uma tradução no Brasil, assim como marketing. Surge no contexto da governança corporativa, com os mandamentos de transparência e responsabilidade de prestar satisfações públicas e traz em si, juntos, dois conceitos: a capacidade de resposta ("answerability") e capacidade de punição ("enforcement"). O primeiro diz respeito à obrigação dos órgãos que prestam serviços públicos de informar e explicar seus atos. O segundo, à faculdade que organismos de regulação têm de impor sanções e perda de poder àqueles que violem seus deveres públicos. Agências reguladoras, por exemplo, têm tal missão. Elas têm que, ao mesmo tempo, significar governança de Estado (não de governo, pois seus membros não devem se subordinar aos mandatários da hora) junto aos players dos setores que regulam (telecomunicações, energia, água, aviação, transportes, saúde pública, planos de seguro-saúde e moeda em circulação) e, ao mesmo tempo, fazer a defesa e a representação dos usuários desses mesmos serviços públicos, sobretudo quando prestados por empresas privadas (no caso, sob a concessão do Estado).

Exemplo brasileiro: ANCINE (Agência Nacional de Cinema).

Exemplos estadunidense: NEA (National Endowments for the Arts).

Táticas

XV.4.1.1 - Estudo dos públicos

Quem são os seus públicos? Hoje, com as redes sociais, isto tornou-se algo relativamente fácil de saber. Conhecê-los é fundamental, já que "todo o artista vai aonde o povo está".

XV.4.1.2 - Gestão de crises de imagem pública

Autoexplicativo. Quando um artista/grupo de envolve em uma crise (boatos, fotos indiscretas, declarações maldosas atribuídas) é preciso acionar uma assessoria especializada. É quando os RPs são chamados como se bombeiros fossem. Costuma funcionar. Mas o ideal é ter um RP também "nos tempos de paz".

XV.4.2 - Estratégia H: memória/história

> "Em tempos de mundo globalizado, competitivo e dinâmico, a comunicação tem cada vez mais o papel de estabelecer e aprimorar relacionamentos, ampliar diálogos e atrair públicos de interesse.
>
> A comunicação corretamente planejada e executada torna uma organização mais transparente, característica imprescindível nos dias atuais para as que buscam ter vida longa e conquistar vitórias nos concorridos mercados.
>
> Por meio da comunicação é possível também conhecer e difundir a história da organização, ampliando a necessária transparência e aproximando-a de seus públicos.

E, mais do que isso: ao difundir as realizações, superações e os sucessos que pontuaram sua trajetória, a organização estará conquistando um importante diferencial de negócio. Sua história, carregada de valores, cultura e identidade a faz única, ímpar.

A busca por diferenciais é o grande desafio atual e depende do empenho profissional em utilizar a comunicação de maneira mais abrangente, com toda a potencialidade de suas ferramentas, o que impõe conhecimento, experiência e uma nova maneira de pensar com flexibilidade e multiplicidade de olhares.

Atuando há anos em planejamento estratégico de comunicação e realizando uma variedade de projetos empresariais nessa área, percebemos o quanto a comunicação pode efetivamente utilizar as histórias como estratégia para compartilhar mensagens, símbolos e significados.

A partir do resgate de fatos históricos relevantes, a organização amplia sua capacidade de informar os públicos e de transmitir-lhes mensagens de cunho emocional a fim de conquistá-los. Com isso valoriza a sua identidade e consolida positivamente imagem e reputação. É sob essa perspectiva que entendemos a relação entre projetos de memória e comunicação organizacional.

Ao falar sobre memória, estamos, portanto, discutindo comunicação. Afinal, é por meio de narrativas compostas por imagens ou textos – escritos e falados – que compartilhamos a história de nossa vida, família, sociedade e marcas, sejam estas de empresas ou pessoas.

Defendemos que, ao resgatar a história de uma organização, é imprescindível ouvir vários 'atores' que estiveram diretamente envolvidos na trajetória, independente de hierarquia ou tipo de relacionamento. É importante ressaltar que não se espera consenso de ideias em um projeto de memória. Várias interpretações de um mesmo fato são comuns e, portanto, não há certo nem errado.

Cada narrativa tem a percepção de seu autor e carrega intrinsecamente as experiências e os significados de sua vivência individual com aquela organização. Por isso, a história será muito mais rica quanto mais se ouvirem pontos de vista variados.

Envolver vários 'stakeholders' não é suficiente. É preciso ainda pesquisar documentos, imagens, objetos relacionados à organização, ao seu mercado de atuação, à sociedade em que está inserida e ao período de tempo em que transcorreu sua trajetória.

É, portanto, um trabalho minucioso de busca por informação. Tudo reunido – vozes e dados de pesquisa – teremos múltiplas narrativas que serão a base para a construção de uma única narrativa histórica que representará aquela organização.

A partir disso, é preciso observar que impactos essa história pode repercutir na cultura e no relacionamento com os públicos da organização (no presente) e, ainda, quais são as perspectivas de caminhos para o futuro"[5].

Táticas

XV.4.2.1 - Comunicação institucional

Técnica válida para grupos artísticos, tais como companhias de teatro e orquestras. Manter uma boa página na internet, por exemplo, é algo essencial

XV.4.2.2 - Divulgação

É a mais importante ferramenta para difusão da obra artística. Trata-se de propagação boca a boca, na qual um fã "converte" outro, potencial ou, classicamente, a chamada assessoria "de imprensa" – quando um divulgador é contratado para fazer o trabalho de divulgação do artista/obra junto à mídia. Costuma-se chamar o resultado deste esforço de "mídia espontânea" (tradução tosca para "free publicity"), mas aqueles que trabalham com esta atividade não gostam muito do apelido simplesmente porque... de "espontânea" não tem nada – pois dá um trabalho danado.

5. (Fonte: ZANUSO, Claudia C. e VERNALHA, Suzana Mara de C. Artigo publicado em rrpp.com.br)

Atualmente, em tempos de internet e redes sociais, estas têm sido "a" via de divulgação. Muito cuidado, porém, é necessário para se proteger de ofertas mirabolantes de marqueteiros digitais e influencers.

É claro que há casos de "explosão" de exposição, de "boom" em torno de um artista nas redes sociais – mas esta não deve ser a tônica da busca por estabelecer-se em um lugar ao sol.

Um trabalho planejado que "não garanta" viralização pode ser a melhor opção. Viralização "garantida" é falácia – "fake news".

"Marketing e Arte são palavras que podem andar juntas, desde que se saiba que marketing se faz para atender a uma demanda de outrem, do público; e arte se faz para atender a uma demanda interna, do artista".

O autor

XVI. CONSIDERAÇÕES FINAIS

> Philip Kotler, um dos principais autores do campo do marketing, pontifica em seu "Marketing 4.0"; que "o futuro está nas relações públicas".

Artistas, criadores, diretores, produtores e pesquisadores do campo das artes terão que firmar as suas "personas públicas" por meio de um trabalho de marketing aplicado – um "marketing para as artes". Personalidades – a exemplo das marcas – precisam garantir seu posicionamento na mente do público e na pauta da opinião pública que lhes interessa, além da mídia (o que inclui as redes sociais[1]).

O entorno dessas personalidades exigirá cada vez mais gestão, uma vez que artistas terão que, como de resto tudo o mais, relacionar-se... e em público.

Assim, as relações públicas colocam-se como um conjunto de técnicas/táticas muito adequado para prover a necessária divulgação ("publicity") de seu trabalho, atuando em toda a gama de atividades aplicadas ao fazer da arte e ao produto artístico, nesse novo campo do "marketing para as artes".

> "Atualmente, há muitas métricas em todos os segmentos. É uma rede muito complexa" - reconhece Marcelo Castello Branco, CEO da União Brasileira de Compositores (UBC) e ex-presidente da Universal Music. "Antes, o maistream e o underground eram algo muito óbvio. Hoje, você pode passar cinco minutos no mainstream e voltar para o underground, todas essas caracterizações estão sendo muito questionadas". "Até mesmo o hit está na berlinda. Nas últimas décadas, era ele que movia o mercado. Hoje, seu ciclo de vida é tão curto que há pouca chance de se tornar uma música 'de catálogo', ou seja, uma faixa que vá ser ouvida daqui a alguns anos, ou até meses. Se por um lado a internet democratizou o 'holofote', dando visibilidade a um número muito maior de músicos, por outro ela gerou um efeito colateral; o público abando na o artista muito rapidamente. Ou você tem uma história para contar e o público cresce

1. Não utilizamos o termo "mídia social". Preferimos "redes sociais".

com você, ou você some; a overdose de entretenimento banalizou a música", diz Castello Branco.[2]

2. O Globo, 21/09/2019, Segundo Caderno. As novas medidas do sucesso. Por Leonardo Lichote e Silvio Essinger.

REFERÊNCIAS

ADORNO, Theodor e HORKHEIMER, Max. Dialética do esclarecimento. Rio de Janeiro: Zahar. 1986. 254 p.

ARTE E MERCADO NO BRASIL. FGV Projetos. Rio de Janeiro: Fundação Getulio Vargas. 2016. 375 p.

CAPLIN, Lee. The business of art. New Jersey: Prentice Hall. 1989. 347 p.

COELHO, Teixeira. Dicionário crítico de política cultural. São Paulo: Iluminuras. 1997. 383 p.

COELHO, Teixeira. Usos da cultura: políticas de ação cultural. Rio de Janeiro: Paz e Terra. 1986. 124 p.

COLBERT, François. Marketing culture and the arts. Montreal: Morin. 1994. 262 p.

CRIBARI, Isabel (org.). Economia da cultura. Recife: Fundação Joaquim Nabuco/Editora Massangana. 2009. 384 p.

ECO, Umberto. Obra aberta. São Paulo: Perspectiva. 1971. 288 p.

FERREIRA, Lusia Angelete, e MACHADO NETO, Manoel Marcondes. Economia da cultura: contribuições para a construção do campo e histórico da gestão de organizações culturais no Brasil. Rio de Janeiro: Ciência Moderna. 2011. 382 p.

FISCHER, Micky. Marketing Cultural: legislação, planejamento e exemplos práticos. São Paulo: Global. 2002. 118 p.

FREITAS, Mariza Branco Rodrigo de, e MACHADO NETO, Manoel Marcondes. Marca: do marketing ao balanço financeiro. Rio de Janeiro: EdUERJ. 2015. 380 p.

GOMES, Miguel Ferreira. Fazendo e vendendo cultura. Uma revista na produção cultural. Rio de Janeiro: Editora Ideias Concretas. 1986. 144 p.

GONÇALVES, Luiz Estevam Lopes. Marketing social: a ótica, a ética e sua contribuição para o desenvolvimento da sociedade brasileira. Dissertação de mestrado. Rio de Janeiro: EBAP/FGV. 1991. 398 p.

HERSCOVICI, Alain. Economia da cultura e da comunicação. Vitória, UFES. 1995. 323 p.

KOTLER, Philip & ROBERTO, Eduardo L. Marketing social: estratégias para alterar o comportamento do público. Rio de Janeiro, Campus. 1992. 392 p.

KOTLER, Neil & KOTLER, Philip. Museum strategy e marketing. San Francisco, Jessey-Bass Publishers. 1998. 395 p.

KUNSCH, Margarida M. K. Planejamento de relações públicas na comunicação integrada. São Paulo, Summus. 3a. edição. 2002. 304 p.

LEVITT, Theodore. Marketing myopia. Harvard Business Review. July-August, 1960. P. 45-56

LISBOA, Simone Marília. Razão e paixão dos mercados. Belo Horizonte, Editora C/ Arte. 1999. 142 p.

MACHADO NETO, Manoel Marcondes. Marketing cultural: características, modalidades e seu uso como política de comunicação institucional. Tese de doutorado (orientação: Profa. Dra. Margarida Kunsch). São Paulo, ECA/ USP. 529 p. 2000.

______________________________. Marketing cultural: das práticas à teoria. Rio de Janeiro. Ciência Moderna. 2a. edição. 2005. 306 p.

______________________________. Relações Públicas e marketing: convergências entre comunicação e administração. Rio de Janeiro, Conceito Editorial. 2a., 2008. 322 p.

______________________________. 4 Rs das relações públicas plenas: proposta conceitual e prática para a transparência nos negócios. Rio de Janeiro, Ciência Moderna. 2016. 212 p.

MORAES, Frederico. Arte é o que eu e você chamamos de arte. Rio de Janeiro, Record. 1998. 320 p.

MUYLAERT, Roberto. Marketing cultural & comunicação dirigida. São Paulo, Globo. 1993. 288 p.

PEPPERS, Don e ROGERS, Martha. Marketing 1 to 1. São Paulo, Makron Books. 2001.

PIGNATARI, Décio. Informação, linguagem, comunicação. Sã Paulo, Cultrix. 1984. 122 p.

PRINGLE, Hamish & THOMPSON, Marjorie. Marketing social: marketing para causas sociais e a construção das marcas. São Paulo: Makron. 2000. 258 p.

REIS, Ana Carla Fonseca. Marketing cultural e financiamento da cultura. São Paulo: Thomson. 2003. 314 p.

SARAVIA, Enrique J. Administração de projetos culturais. Rio de Janeiro: FGV. 1981. 106 p

THOMPSON, John B. Ideologia e cultura moderna. Petrópolis: Vozes. 1990. 426 p.

VASCONCELLOS, Manoel Maria. Marketing básico. Rio de Janeiro: Conceito Editorial. 2006. 120 P.

VAZ, Gil Nuno. Marketing institucional. São Paulo: Pioneira. 1995. 360 p.

WOLF, Michael J. Entertainment economy. New York: Times Books. 1999. 314 p.

WWW.cultura.gov.br.

WWW.institucionalmente.net

WWW.marketing-e-cultura.com.br

YANAZE, Mitsuru. Esqueça o marketing. Libero - Revista de Pós-Graduação da Faculdade Cásper Líbero. São Paulo, v. 3, n. 5, p. 88-92.

Apêndice 1

Pequena Cronologia Institucional da Cultura no Brasil (1810-2014). FERREIRA, Lusia A. e MACHADO NETO, Manoel M.

Instituições brasileiras na área da cultura: uma linha do tempo em (incompletos) 120 "capítulos" – cronologia do surgimento das instituições públicas e privadas do setor artístico-cultural brasileiro (1810-2014):

1. 1810 | Biblioteca Nacional (Fundação Biblioteca Nacional)
2. 1818 | Museu Nacional (hoje uma Unidade da UFRJ)
3. 1822 | Museu Histórico Nacional
4. 1826 | Academia Imperial de Belas Artes (depois Escola de Belas Artes, hoje vinculada à UFRJ)
5. 1848 | Escola Nacional de Música
6. 1890 | Museu do Ipiranga (hoje Museu Paulista, da USP)
7. 1896 | Academia Brasileira de Letras
8. 1896 | Teatro Amazonas
9. 1898 | O padre Roberto Landell de Moura é o pioneiro da radiofonia com transmissão de voz (em São Paulo)
10. 1905 | Pinacoteca do Estado de São Paulo
11. 1909 | Theatro Municipal do Rio de Janeiro
12. 1911 | Theatro Municipal de São Paulo
13. 1912 | Sociedade de Cultura Artística (São Paulo)
14. 1920 | UFRJ (então Universidade do Rio de Janeiro e depois Universidade do Brasil)
15. 1922 | Semana de Arte Moderna | Inaugurada "oficialmente" a radiofonia brasileira

16. 1923 | Primeira emissora de rádio comercial (empreendimento de Roquete Pinto). Cinema nacional detinha, então, 10% da ocupação de salas exibidoras
17. 1928 | Museu Casa de Rui Barbosa.
18. 1930 | Ministério da Educação e Saúde (MES).
19. 1932 | Inaugurada a Cinédia Estúdios Cinematográficos.
20. 1931 | Primeira regulamentação das concessões públicas de radiocomunicação.
21. 1932 | Regulamentada a propaganda no rádio (10% do tempo da programação).
22. 1934 | Gustavo Capanema assume o MES - Ministério da Educação e Saúde (trabalhou para transformá-lo em Ministério do Homem, destinado a preparar, compor e aperfeiçoar o Homem do Brasil).
23. 1934 | Dobra o percentual permitido para a propaganda no rádio. Passa a 20% do tempo.
24. 1934 | Universidade de São Paulo (USP).
25. 1935 | UDF - Universidade do Distrito Federal (depois UEG, atual UERJ).
26. 1937 | Biblioteca do Ministério da Educação e Saúde (hoje Biblioteca Euclides da Cunha).
27. 1937 | IPHAN (Instituto do Patrimônio Histórico e Artístico Nacional).
28. 1937 | Museu Nacional de Belas Artes.
29. 1937 | Instituto Nacional do Livro.
30. 1937 | Comissão Nacional do Livro Didático.
31. 1938 | Conselho Nacional de Cultura (CNC).
32. 1940 | Fundação Orquestra Sinfônica Brasileira.
33. 1941 | Atlântida Cinematográfica.
34. 1941 | Sindicato Nacional dos Editores de Livro (SNEL).
35. 1942 | Instituto dos Meninos Cantores de Petrópolis.

36. 1943 | Museu Imperial (Petrópolis).
37. 1944 Inaugurada a sede do MES (hoje Palácio Gustavo Capanema, sede do MinC no RJ).
38. 1944 | Museu da Inconfidência (Ouro Preto).
39. 1946 | Constituição Federal: "O amparo à cultura é dever do Estado".
40. 1946 | Companhia Cinematográfica Vera Cruz
41. 1947 | Comissão Nacional do Folclore
42. 1947 | MASP (Assis Chateaubriand e Pietro Maria Bardi)
43. 1947 | Primeiro Centro de Tradição Gaúcha (CTG "35", de Porto Alegre)
44. 1948 | MAM de São Paulo (mecenas: Ciccillo Matarazzo)
45. 1948 | MAM do Rio de Janeiro (mecenas: Raymundo Ottoni de Castro Maya)
46. 1948 | Teatro Brasileiro de Comédia (TBC) - SP
47. 1949 | Fundação Joaquim Nabuco
48. 1950 Primeira emissora de TV comercial (empreendimento de Assis Chateaubriand) – TV Tupi
49. 1951 | Primeira Bienal de São Paulo
50. 1951 | Escola de Propaganda do Museu de Arte de São Paulo (MASP) - hoje ESPM
51. 1953 | Criado o MEC – Ministério da Educação e Cultura
52. 1953 | Teatro de Arena (SP)
53. 1954 | Criação da Orquestra Sinfônica do Estado de São Paulo (OSESP)
54. 1957 | Prêmio Jabuti de Literatura (da Câmara Brasileira do Livro)
55. 1958 | Campanha de Defesa do Folclore Brasileiro (no MEC)
56. 1960 | Museu da República
57. 1960 | Museu Villa-Lobos (no âmbito do MEC)
58. 1960 | Teatro de Cultura Popular (PE) - Governo Miguel Arraes

59. 1961 | Teatro do Povo (SP) Inaugurado com a peça "Eles não usam black tie", de Gianfrancesco Guarnieri
60. 1961 | Orquestra Sinfônica Nacional (hoje OSN-UFF), criada por Juscelino Kubitschek
61. 1962 | CPC - Centro Popular de Cultura (fundado por Oduvaldo Viana Filho, Leon Hirszman e Carlos Estevão Martins)
62. 1962 | UNB - Universidade de Brasília (fundada por Darcy Ribeiro)
63. 1962 | Código Brasileiro de Telecomunicações (concessões públicas de emissoras de rádio e TV só para brasileiros natos).
64. 1965 | Festival Folclórico de Parintins.
65. 1966 | Criação do Conselho Federal de Cultura, em substituição ao CNC (de 1938).
66. 1966 | Instituto Nacional do Cinema.
67. 1966 | Casa de Rui Barbosa (é transformada na Fundação atual).
68. 1966 | Primeiro Festival da Canção (até 1972, todos organizados por Augusto Marzagão).
69. 1967 | Constituição Federal: "O amparo à cultura é dever do Estado".
70. 1967 | Lei de Imprensa.
71. 1967 | Fundação Padre Anchieta – sob o governo do estado de São Paulo (Rádio Cultura e TV Cultura).
72. 1968 | AI-5 (Repressão militar é estendida a todos os setores da sociedade. Fechamento do Congresso Nacional e intervenção federal nos Estados e Municípios).
73. 1968 | Conselho Superior de Cinema.
74. 1968 | Museu do Folclore "Edison Carneiro" (com esta denominação a partir de 1976).
75. 1968 | Festival Internacional de Teatro de Londrina (FILO).
76. 1969 | Embrafilme (extinto o Instituto Nacional de Cinema).
77. 1969 | Festival de Cinema de Gramado.

78. 1969 | Fundação João Pinheiro (vinculada ao governo de Minas Gerais).
79. 1970 | Festival de Inverno de Campos do Jordão.
80. 1971 | Palácio das Artes (Fundação Clóvis Salgado), Belo Horizonte.
81. 1971 | Ballet Stagium (São Paulo).
82. 1973 | Conselho Nacional de Direitos Autorais.
83. 1975 | FUNARTE (para desenvolvimento de políticas públicas para as artes visuais, música, teatro, dança e circo).
84. 1975 | Primeira Política Nacional de Cultura (sob a ditadura).
85. 1975 | Grupo Corpo (BH)
86. 1976 | Conselho Nacional de Cinema
87. 1976 | Instituto Nacional do Folclore (sucede a Campanha de Defesa do Folclore Brasileiro, do ano de 1958 e passa à égide da FUNARTE)
88. 1977 | Projeto Pixinguinha
89. 1977 | Cisne Negro Cia. de Dança
90. 1980 | Semana Nacional do Livro
91. 1981 | Jornada Literária de Passo Fundo (Rio Grande do Sul)
92. 1982 | Escola Nacional de Circo (vinculada à FUNARTE)
93. 1982 | Prêmio Nestlé de Literatura
94. 1984 | Regulamentada a profissão de museólogo - Criação do Conselho Federal de Museologia
95. 1985 | Criado o Ministério da Cultura (surge o Ministério da Educação e do Desporto; sigla MEC persiste - governo José Sarney)
96. 1986 | Lei Sarney – de incentivo fiscal (federal) à cultura
97. 1987 | Fundação Nacional Pró-Leitura
98. 1987 | Fundação Nacional de Artes Cênicas
99. 1988 | Fundação Cultural Palmares (primeira instituição pública voltada para promoção e preservação da arte e da cultura afro-brasileira)

100. 1989 | CCBB (política de centros culturais - do Banco Brasil - em diversas praças)
101. 1991 | Lei Rouanet (governo Fernando Collor de Mello)
102. 1991 | Conselho Nacional de Comunicação
103. 1992 | PROLER (Programa Nacional de Incentivo à Leitura), no âmbito da FBN
104. 1993 | Lei do Audiovisual (governo Itamar Franco)
105. 1993 | Centro Cultural dos Correios
106. 1993 | Lei da TV a cabo
107. 1998 | Lei de Direito Autoral
108. 2000 | Instituição do Registro de Bens Culturais de Natureza Imaterial.
109. 2001 | Política Nacional de Cinema (governo Fernando Henrique Cardoso).
110. 2002 | Administração de serviços radiofônicos para brasileiros naturalizados há mais de 10 anos e contratação de técnicos estrangeiros para operar equipamentos transmissores (governo Luiz Inácio Lula da Silva).
111. 2003 | Comissão Nacional de Folclore e Cultura Popular (sob a égide do IPHAN).
112. 2003 | I Festa Literária Internacional de Paraty (FLIP).
113. 2004 | Caixa Cultural (política de centros culturais em diversas praças).
114. 2005 | Plano Nacional de Cultura (PEC 48 aprovada pelo Congresso Nacional) com 5 eixos temáticos (- gestão pública da cultura; - cultura é direito e cidadania; - economia da cultura; - patrimônio cultural; - comunicação é cultura).
115. 2006 | Nova regulamentação de alguns itens da Lei Rouanet (Editais públicos e "contrapartida social").
116. 2009 | Criado o IBRAM - Instituto Brasileiro de Museus.

117. 2009 | STF revoga a Lei de Imprensa.

118. 2010 | Plano Nacional de Cultura - sanção presidencial (ainda não implementado de fato).

119. 2013 | Vale-cultura - sanção presidencial.

120. 2014 | Inaugurado no dia 28 de maio, o Observatório da Economia Criativa do estado do Rio de Janeiro, fruto de uma parceria entre o Ministério da Cultura (MinC) e a Universidade Federal Fluminense (UFF). O seu trabalho divide-se em três eixos:

» economia dos processos e práticas culturais;

» direitos culturais e políticos; e

» territorialidade, arranjos expressivos e práticas sociais.

Apêndice 2

Sistema Patrocínio

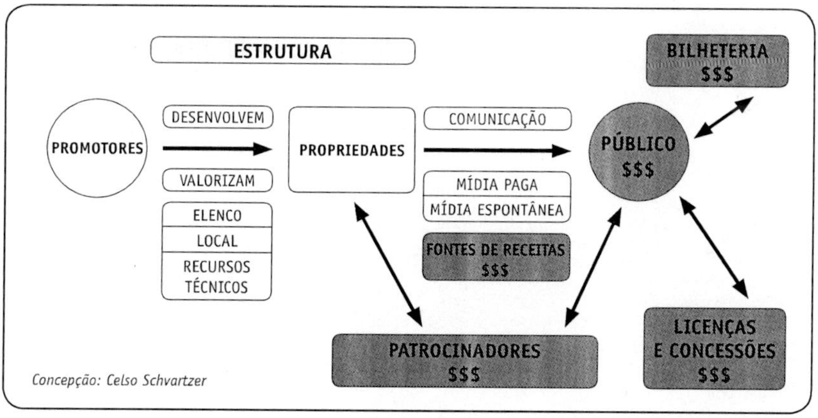

Concepção: Celso Schvartzer

O sistema tem como figura central as **propriedades**, que são as propostas de valor (o evento, o produto, a ideia) que o produtor cultural (ou esportivo) faz aos patrocinadores. Exemplos: um pré-evento para convidados, o evento principal propriamente dito, uma publicação e um DVD de memória da ação. O produtor tem que dirigir os seus esforços para valorizar tais propriedades. Elas é que devem atrair o(s) patrocinador(es) que, ao bancar(em) a(s) iniciativa(s), passa(m) a deter o direito de assiná-las e de explorá-las ao máximo, fazendo, sempre que possível, uma **ativação** com verba própria (ou seja, por sua conta, indo além do patrocínio) para alavancar a ação do produtor. Tal **ativação** é cada vez mais presente no país, que vem amadurecendo em patrocínios.

Apêndice 3

QUADRO COMPARATIVO
MARKETING E RELAÇÕES PÚBLICAS

	MARKETING	RELAÇÕES PÚBLICAS
SURGIMENTO	Século XX	Século XX
ATIVIDADE	Técnica	Técnica
PRIMADO	Escoamento da Produção	Ouvidoria
CAMPO	Administração	Comunicação
ORIGENS: *acadêmica* *político-econômica* *histórica*	 Escolas de Comércio Mercantilismo 2ª Rev. Industrial (séc. XX)	 Escolas de Jornalismo Direito Diplomacia (séc. XX)
PRINCIPAIS INTERESSES	Vendas e Lucro Financeiro	*Goodwill* e Lucro Social
OBJETO	Produtos/Serviços	Organizações
PARÂMETROS	Oferta e Demanda Distribuição Propaganda	Ética e Valores Morais Divulgação Opinião Pública
ALVOS: *alto perfil* *médio perfil* *baixo perfil*	 Mercado Massivo Segmentos de Mercado Nichos ou Fragmentos	 Público em Geral *Stakeholders*/Formadores de Opinião Públicos de Interesse
LINGUAGEM	Persuasiva Emocional Subjetiva Adjetiva	Informativa Racional Objetiva Aproximativa
INSTRUMENTOS	Desenvolvimento de Produtos Logística *Merchandising* Meios de Comunicação de Massa Redes	Filosofia Organizacional Análise Ambiental Eventos Meios de Comunicação Dirigida Redes
PRESENTE	*Database* Marketing Marketing de Permissão	*Ombudsman* Defesa do Consumidor
FUTURO	Marketing Viral *One-to-one* Marketing	ONGs Pessoas Físicas

Apêndice 4

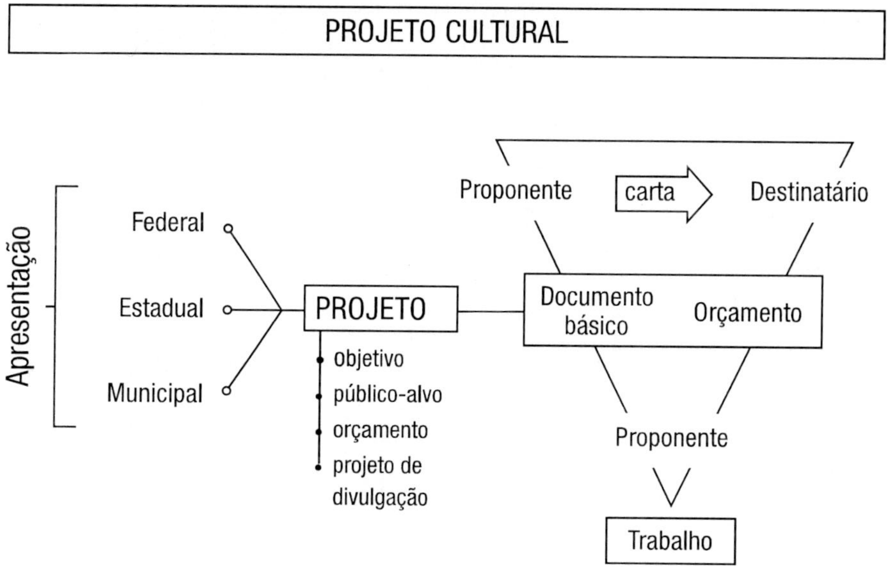

– Traga seu plano de negócios!

Esta costuma ser a frase que avaliza a demanda dos produtores/patrocinadores. Tudo gira em torno do tal "business plan". É, de fato, importante. Aprendemos fazendo-o.

Quando se objetiva uma lei de incentivo, por sua vez, a ditadura é a do "projeto". Hoje a coisa toda se facilitou, pois as secretarias municipais e estaduais de cultura, além do próprio MinC, têm ferramentas "on line" para o cadastro dos projetos que se querem candidatar a incentivos fiscais. Um formulário eletrônico é preenchido.

Para uma ótima abordagem deste assunto acesse a apostila de Isabel Azevedo, ex-parecerista do MinC (https://www.slideshare.net/marcondesneto/gesto-de-projetos-culturais-da-ideia-ao).

Apêndice 5

Cruel octógono

Manoel Marcondes Machado Neto

1. Tratar de "marketing para as artes" envolve uma contradição essencial: como trabalhar algo que "vem da alma" como algo "que é preciso vender"?

2. É claro que muitos artistas se deparam com essa questão logo cedo em suas carreiras – uma vez que, como diz o poeta, "tudo o que move é sagrado e o fruto do trabalho é mais que sagrado..."[1].

3. Por outro lado, rotula-se alguns artistas de "comerciais" justamente porque fazem sucesso de vendas. O negócio da música que (ainda) o diga.

4. Será incompatível o sucesso "de vendas" com a autenticidade artística? Um "verdadeiro" artista preocupa-se mais com sua arte ou com o sucesso?

5. Um artista almeja o mesmo tipo de êxito que alguém que tenha escolhido ser engenheiro, ou médico, ou advogado?

6. Definitivamente, aborda-se um tema controverso quando se posta, lado a lado, na mesma expressão, as palavras "marketing" e "artes".

7. Com 90 anos de premiação, transmitida a bilhões de telespectadores, a Academia de Artes e Ciências Cinematográficas (AMPAS no original em

1. Trecho da letra da música "Amor de índio", de Beto Guedes

inglês) faz outra provocação às nossas mentes – e ao senso comum, que vê o Oscar como algo visceralmente comercial – colocando ainda, no mesmo balaio das Artes, as tais das Ciências.

8. Bem, o diálogo, o casamento e a convivência entre a ciência e a arte já foram objeto de uma obra inteira – o CD "Quanta", de Gilberto Gil –, a qual foi muito bem-sucedida (como arte) pela crítica "cultural" e (como algo altamente vendável) pela gravadora[2].

Domenico de Masi – sociólogo italiano que virou "arroz-de-festa" no Brasil com seu conceito de "ócio criativo" – passeia academicamente pelas dicotomias arte-e-trabalho, trabalho-e-remuneração, trabalho-e-tempo, tempo-e-dinheiro. E encontrou no Carnaval do Brasil a prova de sua tese: há que trabalhar, ter lazer e divertir-se – tudo no mesmo lugar, ao mesmo tempo. Com patrocínio ou não.

Fazer "o que se gosta" nem sempre terá relação com "viver-se do que se faz" em termos de remuneração. Este é um problema central da teoria de Masi. É notória a cultura da semana útil extenuante e desagradável "versus" o final de semana libertador e prazeroso. A letra cantada "Hoje é sexta-feira... tô de saco cheio... chega de aluguel... chega de patrão...", na voz da dupla Chitãozinho e Xororó – em comercial de cerveja –, deixa bem claro a questão.

E que dizer também das pessoas que fazem o que não gostam para se sustentar e vivem onze meses do ano pensando apenas no mês de férias? Muito triste. Mas verdade.

Aí, Domenico de Mais vem (mais uma vez) ao Brasil e conhece uma "indústria" em que "o operariado" é um conjunto de seres "... que canta e que é feliz, feliz, feliz"[33], comprovando sua tese concebida num silencioso gabinete acadêmico no frio de Milão.

2. "Sei que a arte é irmã da ciência, ambas filhas de um Deus fugaz..." – trecho da letra de "Quanta", música de Gilberto Gil.

3. Trecho da letra de "Isso aqui o que é", música de Moraes Moreira

Apêndice 6

Todo cientista é um artista. E ambos, empreendedores.

Manoel Marcondes Machado Neto

"A minha música não é de levantar poeira, mas pode entrar no barracão". Tom Jobim.

"Pintar é como um jorro". Alberto Kaplan.

Eco ecoa. Ecoará sempre. Introduzindo o conceito de "antenação"

Ao completar trinta anos de magistério, em agosto de 2015, e lidando com diferentes disciplinas, tais como Gestão de Projetos Culturais, Gestão de Organizações Não Governamentais, Introdução à Administração, Fundamentos de Marketing, Assessoria de Relações Públicas, Projetos de Pesquisa em Negócios e Comunicação para a Transparência, cheguei a uma única e singela conclusão: o impulso criativo do acadêmico em pouco ou nada difere do ímpeto, do jorro criador do artista e da gana do empreendedor.

Umberto Eco, em entrevista concedida ao Caderno 'Mais', da Folha de São Paulo, em 1993, disse algo que *si non è vero, è bem trovato*:

"Todas as pessoas têm uma única coisa a dizer. E fazem isso por toda a vida".

O grande professor – que acabamos de perder para a eternidade – não admitia este pensamento como seu. Dizia que fora um seu professor dos tempos do ginásio o autor da enigmática expressão. A frase soa como uma sentença, algo cheia de mistério e predestinação – nada menos científico para sair da boca de um dos mais influentes pensadores do nosso tempo. Fica mais palatável, pois, imaginá-la nas falas cansadas de um obscuro docente divagando à frente de colegiais enfadados no interior da Itália dos anos 1940.

Porém... e sempre há um porém... a expressão pode fazer muito sentido se analisarmos a vida de alguns expoentes da humanidade que passaram toda uma vida, toda uma trajetória, perseguindo um único objetivo. Erraticamente, às vezes. Obstinadamente, na grande maioria das vezes. E as falhas, que não conhecemos – milhares delas –, confirmam as poucas dezenas de histórias que vêm a público como legítimos sucessos do engenho humano.

O primeiro expoente – das Ciências – que me vem à cabeça é Charles Darwin. O segundo, o óbvio Albert Einstein. O terceiro – um brasileiro – Alberto Santos Dumont.

Das artes, cito Leonardo da Vinci, Pablo Picasso e, mais um brazuca (mesmo que *mezzo a mezzo* italiano); Alberto Volpi.

Criatividade, disciplina, perseverança, "antenação" e arrojo são características comuns a ambas categorias; tanto artistas quanto cientistas. E apresso-me a explicar o neologismo. Alguns prefeririam utilizar o termo "sintonia", mas sintonia pede um complementar objeto direto... sintonia com o quê? Outros prefeririam, talvez, "inspiração", mas Tom Jobim entre outros gênios, já desmistificaram a inspiração "celestial", colocando no lugar a (bastante) física transpiração necessária – e que já está contabilizada nos quesitos disciplina e perseverança.

"Antenação", pois, parece-me o termo adequado para aquele momento *pre-insight*.

É preciso estar "antenado" com o mundo exterior (o que também desfaz outra mística em torno do artista, a do ensimesmado cultor do "eu interior" que a tudo suplanta – tornando o artista uma espécie de ser impenetrável e voltado ao próprio umbigo).

Outra coisa: todo artista é um empreendedor nato... Sim, pois escrever poemas ou textos em prosa prenuncia o show da leitura ou da declamação, além do sonho com o suporte dos suportes: um livro!

E outra mais: descobriu-se que a música precedeu as pinturas rupestres como arte humana. Em milhares de anos. E o que será a composição rabiscada em pentagramas e guardada numa gaveta? Arte? Para o mesmo Umberto Eco, não. A tal partitura precisaria, para cumprir seu nobre papel de música, das inescapáveis execução e audição, unindo – num momento e lugar – artista e plateia; mesma condição das demais artes performáticas – da dança, do teatro, da ópera e do circo.

A obra de arte só se conclui quando fruída. Esta, aliás, a principal lição *d'il professore* Eco em seu – ótimo, necessário, insubstituível – "Obra aberta".

Impressão e acabamento
Gráfica da Editora Ciência Moderna Ltda.
Tel: (21) 2201-6662